Die erfolgreiche Gehaltsverhandlung

Ein wertvoller Ratgeber, der sich in bare Münze verwandeln läßt. Alan Jones zeigt, wie man in Gehaltsverhandlungen das optimale Einkommen erzielt oder in einem bestehenden Arbeitsverhältnis eine Gehaltserhöhung durchsetzt.

Alan Jones ist ein führender Outplacement-Berater und freier Schriftsteller. Er ist Autor des Bestsellers »How to Write a Winning CV« (1990) und von »How to Build a Successful Career« (1991).

Alan Jones

Die erfolgreiche Gehalts- verhandlung

Aus dem Englischen von Friedrich Mader

Campus Verlag
Frankfurt/New York

Die englische Ausgabe »How to Negotiate Your Negotiate Your Salary« erschien
1992 bei Century Business, Londoon.

Die Deutsche Bibliothek – CIP-Einheitsaufnahme

Jones, Alan:
Die erfolgreiche Gehaltsverhandlung / Alan Jones. Aus dem
Engl. von Friedrich Mader. – Frankfurt/Main ; New York :
Campus Verlag, 1993
   Einheitssacht.: How to neotiate your salary <dt.>
   ISBN 3-593-34812-8

Copyright © 1993 Campus Verlag GmbH, Frankfurt/Main
Umschlaggestaltung: Atelier Warminski, Büdingen
Satz: Fotosatz L. Huhn, Maintal-Bischofsheim
Druck und Bindung: Druckhaus Beltz, Hemsbach
Dieses Buch wurde auf säurefreiem Papier gedruckt
Printed in Germany

Inhalt

Danksagung

Mein besonderer Dank gilt John Whapham für seinen professionellen Rat und Zuspruch. Bedanken möchte ich mich auch bei den zahlreichen hier nicht namentlich erwähnten Arbeitssuchenden, die mit ihren guten und schlechten Erfahrungen den Grundstein für dieses Buch legten.

Einleitung

Einen Job zu bekommen ist nur die halbe Miete, auch wenn man das den meisten Veröffentlichungen zum Thema Arbeitssuche nicht unbedingt entnehmen kann. Dieses Buch hingegen setzt dort an, wo anderen nichts mehr einfällt, und es erschließt Ihnen bislang nicht behandelte Bereiche. In *Die erfolgreiche Gehaltsverhandlung* erfahren Sie nicht nur, wie Sie ein Stellenangebot bekommen, sondern auch, wie Sie den besten Preis für Ihre Arbeitskraft erzielen.

Viele Menschen finden sich mit einem zu niedrigen Gehalt ab. Sie hätten unter Umständen mehr erzielen können, wenn sie sich nur die Mühe gemacht hätten, einen besseren Vertrag auszuhandeln. So unglaublich es klingen mag, aber einige erhalten nur deshalb kein Stellenangebot, weil sie nicht verhandeln. Aber noch nie hat sich jemand um die Chance einer erstrebenswerten Arbeitsstelle gebracht, nur weil er taktvoll um mehr Geld gebeten hat. Der bloße Gedanke an Gehaltsverhandlungen kann unerfreuliche Visionen heraufbeschwören, in denen wir einem wildfremden Menschen gegenüberstehen, der allem Anschein nach alle Asse im Ärmel hat und uns Stellenangebote nach seinem Gutdünken unterbreiten oder vorenthalten kann. Beim durchschnittlichen Arbeitsuchenden ist die Fähigkeit zu Verhandlungen denn auch eher unterentwickelt. Aber das muß nicht so sein. Wenn Sie der Ansicht sind, daß Ihrem Verhandlungsgeschick noch der letzte Schliff fehlt, dann sollten Sie zu diesem Buch greifen.

Aber erfolgreiche Gespräche verlangen mehr als nur Verhandlungsgeschick. Der Fähigkeit muß der *Wunsch* vorangehen. Dabei fehlt es nicht am Wunsch nach einer besseren Entlohnung für die geleistete Arbeit. Aber es fehlt am Willen, die Dinge selbst in die Hand zu nehmen. Darin liegt auch die große Anziehungskraft kollektiver Tarifverhandlungen. Es ist einfach wesentlich angenehmer, wenn uns eine dritte Partei die Verhandlungen abnimmt. Fast jeder Mensch hat die Vorstellung, daß Gehaltsverhandlungen etwas leicht Anrüchiges an sich haben. Doch in Wirklichkeit handelt es sich hier um eine völlig unbegründete Einbildung. Schließlich ist das Verhältnis zwischen Arbeitgeber und Arbeitnehmer doch klar definiert: hier der Käufer, dort der Verkäufer. Innerhalb dieses vorgegebenen Rahmens verpflichtet sich die eine Seite (der Arbeitnehmer) vertraglich dazu, bestimmte ihm übertragene Aufgaben zu erfüllen, und erhält dafür im Gegenzug von der anderen Seite (vom Arbeitgeber) einen *ausgehandelten* Geldbetrag und möglicherweise noch zusätzliche Leistungen. Arbeit sollte also von keiner der beiden Seiten als Altruismusübung aufgefaßt werden. Weil das »Warum« nicht weniger wichtig ist als das »Wie«, soll dieser althergebrachte Widerwillen gegen Verhandlungen in Teil 1 des Buches genauer ergründet werden.

Verhandlungen über eine Gehaltserhöhung nach Vertragsabschluß führen möglicherweise zu größeren Problemen, weil jetzt andere Faktoren ins Spiel kommen: Beziehungen sind entstanden, die Ihren Forderungen nutzen oder schaden können, und mancherorts wird der Eindruck entstehen, daß Sie die Karten nach Beginn des Spiels neu mischen möchten. In Kapitel 8 werden die Unterschiede zwischen Gehaltsverhandlungen und *neuen* Gesprächen über eine Gehaltsverbesserung behandelt.

Gehaltsverhandlungen verlangen nicht unbedingt ein ungewöhnliches Maß an Raffinesse. Meistens handelt es sich dabei sogar um einen eher wenig durchdachten Vorgang. Aber man sollte sich vor Augen führen, daß die Menschen und Umstände, die den Hintergrund für solche Gespräche abgeben, Teil eines sehr komplexen Ganzen sein können. Aus diesem Grund dürfen die Ratschläge auf den folgenden Seiten auf keinen Fall als unumstößlich begriffen werden. Die maßgeblichen Ziele des Buches liegen in der Ergründung des Problemkreises und der Entmystifizierung des Vorgangs. Sie sollen dazu ermuntert werden, Ihr Einkommen so zu maximieren, daß Ihr Arbeitgeber immer noch einen entsprechenden Gegenwert für sein Geld erhält. Doch Sie sollten nicht zögern, die einzelnen Anregungen vor dem Hintergrund Ihrer persönlichen Bedürfnisse und Umstände zu beurteilen.

Behalten Sie einen klaren Kopf, und gehen Sie völlig unvoreingenommen an die Sache heran. Nehmen Sie Abschied von irgendwelchen einseitigen Vorstellungen über »Unternehmen« oder »Arbeitgeber«. All Ihre gegenwärtigen Vorstellungen stammen zweifelsohne aus Ihren früheren Erfahrungen. Aber nicht alle Unternehmen haben es darauf abgesehen, Sie möglichst billig an die Angel zu bekommen. Aber sie sind auch nicht alle so gut organisiert und mit Personalfachleuten besetzt, daß sie sich auf die Erfordernisse der Anwerbung genauestens verstehen. Und man sollte nie den Umstand außer acht lassen, daß man nicht mit Arbeitgebern verhandelt, sondern mit *Menschen*, die alle schon das eine oder andere Mal auf der anderen Seite des Tisches gesessen haben.

Teil 1
Ergründung des Problemkreises

1. Wiederherstellung des Gleich- gewichts der Macht

Preis, der – Wert, zuzüglich einer angemessenen Summe
für den durch seine Erhebung eingetretenen Gewissens-
verschleiß

Ambrose Bierce, *Des Teufels Wörterbuch*

Läßt sich jedes Gehalt verhandeln? Diese Frage hat weitere
Überlegungen zur Folge, deren grundsätzlichste man vielleicht auf folgende schlichte Formel bringen könnte:»Wenn
nicht, warum nicht«? Organisationen, die Mitarbeiter beschäftigen, aber kein Vergnügen an Gehaltsverhandlungen
mit Einzelpersonen haben, werden wohl einen oder alle der
folgenden Punkte unterschreiben:

- »Wir können nicht Hunderte von Bürokräften beschäftigen und allen ein anderes Gehalt zahlen. Das wäre ein ad-
ministrativer Alptraum.«
- »Es muß der Grundsatz gewahrt bleiben: gleiche Bezahlung für gleiche Arbeit. Alles andere würde Anstoß erre-
gen und die Arbeitsmoral beeinträchtigen.«
- »Wir wissen, was der Arbeitsplatz wert ist und was wir
bezahlen können. Wir finden immer jemanden, der den
Job zu dem von uns festgesetzten Gehalt übernimmt.«

Die erste Antwort ist mehr als fragwürdig, und man könnte mit Recht behaupten, daß es sich wohl nur um bloße Worthülsen handelt, mit denen man Verhandlungswillige auf eine falsche Fährte locken will. Angesichts heutiger technischer Möglichkeiten mutet das Szenario eines »administrativen Alptraums« nicht gerade überzeugend an.

Die zweite Antwort führt ein reines Scheinargument ins Feld. Die einzelnen Mitarbeiter erfüllen zwar vielleicht die gleichen Aufgaben, aber auch mit dem gleichen Erfolg? Es liegt doch einfach auf der Hand, daß leistungsbezogene Bezahlung (dort, wo sich die Leistung beurteilen läßt) ganz im Gegenteil sogar besonders dazu geeignet ist, die Initiative und die Moral zu fördern. Die dritte Antwort zeigt ein deprimierendes Verständnis vom Gleichgewicht der Macht zwischen den beteiligten Seiten. Achselzuckend gibt der Arbeitgeber dem Arbeitnehmer zu verstehen: »Sie brauchen eine Arbeit. Wir haben eine freie Stelle, aber wir müssen sie nicht unbedingt mit *Ihnen* besetzen. Und wir bieten Ihnen ein nach unserem Dafürhalten angemessenes Gehalt. Also bitte kein langes Herumgerede. Sie können die Stelle nehmen, Sie können es aber auch lassen.« Der Verhandlungspielraum scheint hier nicht gerade üppig bemessen zu sein, auch wenn diese kompromißlose Haltung in der Regel wohl kaum in solch scharfe Worte gekleidet wird.

Als Arbeitssuchender geht man allzu leicht davon aus, daß die Macht auf seiten des Arbeitgebers liegt. Und dies trifft natürlich auch zu, jedoch nicht in dem vermuteten Maße. Wie oft glaubt man nicht, daß einem die Hände gebunden sind und daß man allein mit dem Versuch, einen sinnvollen Dialog zu beginnen, bestenfalls seine Zeit verschwendet und schlimmstenfalls sogar ein großes Risiko eingeht. Eine selbstbewußte Antwort auf obige Erklärung würde in etwa folgendermaßen aussehen: »Wenn ich Sie erst überzeugt habe, daß Sie *mich* für die Besetzung dieser offenen Stelle brauchen, dann werden wir miteinander verhandeln.« Die Alternative dazu lautet, daß man sich in sein Schicksal fügt und das ausgesprochene Angebot unverändert annimmt.

Die erste Lektion lautet also, daß man über *jedes* Gehalt verhandeln kann. Natürlich gibt es immer die zwei Möglichkeiten, daß Spielraum für Verhandlungen entweder vorhanden oder nicht vorhanden ist. Aber das läßt sich eben nur durch Verhandlungen herausfinden. In Teil 2 des Buches wollen wir uns den Fragen nach dem »Wie« und »Wann« von Verhandlungen zuwenden. Aber zunächst müssen wir uns um eine weitere Klärung des »Warum« bemühen.

Es ist eine bedauerliche Nebenerscheinung unseres Arbeitsethos, daß unser Geschick in Gehaltsverhandlungen nie den eigentlich dafür nötigen Grad intellektueller Differenzierung erreicht hat. Den meisten von uns fehlt es bei der Suche nach einem neuen Job am Selbstvertrauen, und die bloße Vorstellung, höflich um mehr Geld zu bitten, ist uns ein Greuel. Dabei steht hundertprozentig fest, daß viele der nicht verhandelten Gehälter *durchaus* zur Disposition gestanden hätten. Um ein Verständnis für die Gründe dieses Verhaltens zu gewinnen, müssen wir uns das Verhältnis zwischen Arbeitgeber und Arbeitnehmer näher ansehen.

Frage an einen Arbeitnehmer: »Was ist ein Arbeitsplatz?«
Antwort: »Ein Arbeitsplatz ist ein Mittel zur Befriedigung meiner persönlichen Bedürfnisse im Hinblick auf Einkommen, berufliche Erfüllung, Karriere und Status.«
Frage an einen Arbeitgeber: »Was ist ein Arbeitsplatz?«
Antwort: »Ein Arbeitsplatz ist ein Mittel der Rentabilität, das die Bedürfnisse des Unternehmens erfüllt.«

Für beide Seiten bedeutet ein Arbeitsplatz also die Erfüllung von Bedürfnissen – *aber nicht derselben Bedürfnisse.* Arbeitgeber beschäftigen uns nicht, um *unsere* Bedürfnisse zu befriedigen. Ihnen geht es in erster Linie um die eigenen Interessen, und die Anstellung von Mitarbeitern ist meist (wenngleich mittlerweile schon nicht mehr so häufig) die einzige Möglichkeit zur Wahrung ihrer Interessen. Das soll nicht heißen, daß die Arbeitgeber den Bedürfnissen ihrer Mitarbeiter mit völliger Gleichgültigkeit begegnen. Aber während des Einstellungsprozesses lautet die zentrale Frage für den Arbeitgeber schlicht: »*Was können Sie für mich tun?*« Und erst wenn die Antwort auf diese Frage zu seiner Zufriedenheit ausfällt, wird er ein lebhafteres Interesse an den Belangen des Arbeitnehmers zeigen. Wenn er nicht ausschließlich nach kurzfristigen Vorteilen strebt und die Leute nur verheizen will, dann liegt es auf längere Sicht in seinem eigenen Interesse, Menschen einzustellen, die mit Hilfe dieses Arbeitsplatzes ihre persönlichen Bedürfnisse befriedigen können.

Wie wir später noch sehen werden, ist dieser Zusammenhang von grundsätzlicher Tragweite für den Verhandlungsprozeß; doch fürs erste kommt es vor allem auf die Erkenntnis an, daß das Verhältnis zwischen Arbeitgeber und Arbeitnehmer eines zwischen *Käufer* und *Verkäufer* ist. Es handelt sich um einen Geschäftsabschluß, demzufolge sich der Käufer (Arbeitgeber) zur Zahlung eines *vereinbarten* Geldbetrags an den Verkäufer (Arbeitnehmer) verpflichtet. Dieser übernimmt im Gegenzug die Erfüllung bestimmter ihm übertragener Aufgaben.

Mit der Einsicht in diese Geschäftsbeziehung steht und fällt die Einstellung gegenüber der Arbeitssuche, den Gehaltsverhandlungen und den dabei erzielten Erfolgen. Richard Bolles betont in seinem Buch *Tausend geniale Bewerbungstips* ausdrücklich diesen Zusammenhang: »Niemand sucht einen Arbeitgeber auf, um ihn zu einer großen Gefälligkeit zu bewegen. Wenn Sie Ihre Hausaufgaben gemacht haben, wissen Sie, daß Sie dem Unternehmen Lösungen bringen und keine Probleme.« Es wäre völlig falsch, mit der Haltung eines Bittstellers in ein Einstellungsgespräch zu gehen.

Und doch neigen die meisten Arbeitssuchenden zu solch einer Denkweise. Daher verkaufen sie sich auch weit unter Wert und erhalten Stellenangebote nicht, obwohl sie sich ausgezeichnet dafür eignen würden. Und damit zerstören sie auch jede Grundlage für Selbstvertrauen und Selbstachtung, ohne die sich Vertragsverhandlungen einfach nicht bestreiten lassen.

Wenn nun aber die Stärke Ihrer Verhandlungsgrundlage als Arbeitssuchender direkt von Ihrer Einsicht abhängt, daß Sie etwas zu verkaufen haben und daß Sie sich möglichst gut verkaufen müssen, dann lautet die nächste Frage natürlich: »Was haben Sie zu verkaufen?« Dieser Frage werden wir uns in Kapitel 3 eingehender widmen. Zunächst einmal sollten wir uns aber die wahrscheinlichen Risiken einer ängstlichen und negativen Einstellung gegenüber der Jobsuche und der Gehaltsverhandlung ansehen.

Blick in die Zukunft

Zu den weitverbreiteten Auswirkungen der oben skizzierten Bittstellerattitüde gehört nicht nur, daß man die Chance zur Aushandlung eines höheren Gehalts verpaßt, sondern – schlimmer noch – daß man viel zu oft voller Dankbarkeit Stellenangebote akzeptiert, die eine finanzielle Verschlechterung bedeuten. Wer Gehaltseinbußen hinnimmt, begeht natürlich nicht unbedingt eine Todsünde, vorausgesetzt, er hat gute Gründe dafür. Wenn Sie zum Beispiel das starke Bedürfnis verspüren, sich beruflich zu verändern und aus einem vergleichsweise gut bezahlten Beruf in einen nicht so gut bezahlten zu wechseln, sagen wir, aus einem Job in der Hochtechnologiebranche in einen Pflegeberuf, dann werden sich Einkommenseinbußen kaum vermeiden lassen. Wenn Sie jedoch einen Stellenwechsel im gleichen Beruf anstreben, dann kann Kompromißbereitschaft bei Gehaltsvorstellungen fatale Nebenwirkungen mit sich bringen. Zur Veranschaulichung dient hier die erste Fallstudie.

Fallstudie 1

Margot hatte im Laufe der Zeit immer verantwortungsvollere (und besser bezahlte) Posten in der Informationstechnologie bekleidet. Ihr neuester Job als Systemmanagerin war einer Rationalisierungsmaßnahme zum Opfer gefallen. So fand sie sich unversehens auf dem Arbeitsmarkt wieder. Aufgrund einer unprofessionellen und ineffektiven Jobsuche bahnte sich erst nach drei Monaten das erste Vorstellungsgespräch an. Dieses Gespräch bei der Firma XYZ verlief in etwa folgendermaßen:

Gesprächsführer: Was für ein Gehalt hatten Sie bei der Firma ABC?
Margot: Neunzigtausend Mark pro Jahr.
Gesprächspartner: (holt tief Luft) Ich fürchte, wir können Ihnen nur achtzigtausend anbieten.
Margot: Naja, ich glaube, das ist nicht so tragisch. Ich hatte mich schon auf ein niedrigeres Gehalt eingestellt.

Als man Margot die Stelle anbot, war sie zwar sehr erfreut, aber auch ein bißchen betrübt über die finanzielle Einbuße.

Schließlich hatte sie ihr vorhergehendes Gehaltsniveau nur dank harter Arbeit und unter großem Einsatz erreicht. Dennoch nahm sie die Stelle an, nachdem sie mehrere Überlegungen angestellt hatte.:

- Es war das erste Angebot nach dem dreimonatigen emotionalen Auf und Ab der Arbeitssuche, und sie war froh, es endlich hinter sich gebracht zu haben. Auch ihre finanziellen Rücklagen schwanden allmählich dahin. Konnte sie es sich denn überhaupt leisten, das Angebot auszuschlagen? Hatte sie nicht einfach Glück gehabt? Wann würde sie das nächste Stellenangebot erhalten? Wieder erst in drei Monaten vielleicht?
- Ansonsten handelte es sich um eine gute Arbeit, und man hatte ihr versprochen, die Gehaltsfrage in einem halben Jahr noch einmal zu überprüfen.
- Ihre Familie und ihre Freunde redeten ihr zu, den Job anzunehmen. Damit hatte sie erst einmal ein gesichertes Einkommen, und sie konnte ja immer noch weiter nach einer anderen Stelle suchen.
- Sie konnte sich ein niedrigeres Gehalt *leisten*.

Unter diesen Voraussetzungen sah Margot gar keine andere Wahl und nahm die Stelle an. *Ein halbes Jahr später fiel die Stelle einer Rationalisierungsmaßnahme zum Opfer.* Wieder auf Arbeitssuche. Wieder ein Vorstellungsgespräch:

Gesprächsführer: Was für ein Gehalt hatten Sie bei der Firma XYZ?
Margot: Achtzigtausend Mark pro Jahr.
Geschäftsführer: Wir können Ihnen leider nur fünfundsiebzigtausend anbieten, aber die Gehaltsfrage wird in einem halben Jahr überprüft.

Die Lehren aus Fallstudie 1

Aus der Fallstudie 1 kann man viele Dinge lernen, die allesamt in den folgenden Kapiteln zur Sprache kommen werden. Fürs erste können wir uns folgendes einprägen:

- *Unzulängliche Arbeitssuche = wenige Vorstellungsgespräche = weniger Stellenangebote = schwache Verhandlungsbasis.* Ein einziges Stellenangebot (und vor allem das erste) ohne weitere Alternativen versetzt Sie in eine denkbar ungünstige Verhandlungsposition, wenn Sie nicht ein besonders abgebrühter Taktiker sind. Doch die Arbeitssuche ist nicht Gegenstand dieses Buches.

- *Das Versprechen einer Gehaltsüberprüfung irgendwann in der Zukunft klingt zwar ganz nett, aber haben Sie auch eine Glaskugel zu Hause?*

- *Es steht außer Zweifel, daß man schon eine gehörige Portion Mut braucht, um in schwieriger Lage ein Stellenangebot auszuschlagen (wenn es sich nicht offensichtlich um den völlig falschen Job handelt).* Freunde und Verwandte werden aus ganz verständlichen Gründen Druck ausüben. Aber Vorsicht! Die Vorstellung, daß man die Arbeitssuche weiterführt, nachdem man eine Stelle angenommen hat, ist wahrscheinlich die größte Selbsttäuschung, der man in solch einer Situation erliegen kann. Die neue Arbeit, und sei sie noch so einfach, verlangt in der ersten Zeit volle Konzentration und Lernbereitschaft. Da bleibt kein Raum mehr für eine Stellensuche nebenbei. Nach dieser ersten Lernphase haben sich bereits neue Beziehungen herausgebildet, andere hängen von Ihnen ab, Sie haben Ihren Lebensstil an Ihr neues Gehaltsniveau angepaßt, Trägheit macht sich breit. Abgesehen davon werden Sie sich zu Recht überlegen, daß ein zu rascher erneuter Arbeitsplatzwechsel nicht ratsam ist. Der nächste Leser Ihres Lebenslaufs könnte vielleicht einen ungünstigen Eindruck gewinnen.

- *Man sollte trennen zwischen dem, was man sich leisten kann, und dem, was wirklich klug ist.* Genauso unterscheiden ja auch die Arbeitgeber zwischen dem, was sie sich an Gehaltszahlungen leisten könnten, und dem, was sie zu zahlen bereit sind.

Doch eine vielleicht noch wichtigere Lehre läßt sich aus diesem Komplex ziehen: Man sollte bei der Arbeitssuche immer die Stärkung der eigenen Verhandlungsposition im Auge behalten, und zwar nicht nur im Hinblick auf dieses eine Mal, sondern auch auf den nächsten Stellenwechsel, der, wie Margot zu ihrem eigenen Schaden feststellen mußte, schneller kommen kann als erwartet. Die Vorstellung der Arbeitsplatzsicherheit gehört heute der Vergangenheit an. Man sollte meinen, daß sich diese Erkenntnis mittlerweile allenthalben herumgesprochen hat. Um so erstaunlicher ist es, wie viele Menschen trotz negativer Erfahrungen dem Irrglauben erliegen, daß sie allein aufgrund ihrer Bedürfnisse über die Länge ihres nächsten Arbeitsverhältnisses entscheiden werden. Und es ist durchaus keine Seltenheit, daß Menschen mit jedem neuerlichen Stellenwechsel auf der Gehaltsskala weiter abwärtsrutschen.

Die erste Fallstudie hat vielleicht ein düsteres Bild der Verhältnisse gezeichnet, aber nicht ohne Grund. In diesem Kapitel soll erklärt werden, weshalb wir es versäumen, über das Gehalt zu verhandeln. Es ist nur allzu begreiflich, weshalb sich Margot so widerspruchslos in ihr Schicksal fügte. In Teil 2 des Buches werden wir uns damit auseinandersetzen, wie sie die Frage nach dem Gehalt in der Firma ABC effektiver hätte beantworten können. Aber worauf war Margots Verhandlungsscheu im Grunde genommen zurückzuführen? Auf *Angst,* die sich aus zwei Annahmen speiste:

- Alle Macht lag beim Gesprächsführer. Sie selbst hatte keine Trümpfe im Ärmel.
- Jeder Verhandlungsversuch würde sie um die Chance des Stellenangebots bringen.

Sind diese Befürchtungen in irgendeiner Weise begründet? Bis zu einem gewissen Grad sicherlich. Die Macht war natürlich ungleich verteilt, denn

- Margot hatte im Verlauf des Gesprächs immer wieder zu verstehen gegeben, daß sie seit drei Monaten ohne Erfolg auf Arbeitssuche war, daß man ihr noch kein Angebot unterbreitet hatte und daß sie mit keinem anderen Unternehmen in Verhandlungen stand;
- sie versäumte es, die von seiten ihres Gesprächspartners ins Auge gefaßte Gehaltshöhe zu erkunden;
- sie teilte dem Gesprächsführer die Höhe ihrer letzten Bezüge mit und gab ihm damit eine Verhandlungsgrundlage.

Mit ein wenig Vorausblick und Planung hätten sich *all* diese Gefahrenquellen ausschalten lassen, und Margot hätte das Gleichgewicht der Macht wiederherstellen und damit ihre Position stärken können. Aber gehen wir von ihrer schwachen Ausgangsstellung aus. Hätte dann jeder Verhandlungsversuch automatisch ihre Chancen auf die Stelle zunichtegemacht? Es ist höchst unwahrscheinlich, daß es so gekommen wäre. Genauer werden wir dieses Problem in Teil 2 unter die Lupe nehmen, und es wird sich zeigen, daß über den Erfolg der Verhandlungen nicht nur die Einstellung, sondern auch das Gespür für den richtigen Zeitpunkt, die Taktik, die Vorbereitung und nicht zuletzt die Stärke der Konkurrenz bestimmen.

Der Preis des Scheiterns

In Fallstudie 1 sahen wir, daß man sich durch Verhandlungsverzicht eine Stelle sichern kann, auch wenn man dadurch
den finanziellen Spielraum möglicherweise nicht voll aus-
schöpft. Aber immerhin liegt das Stellenangebot noch auf
dem Tisch. Margot fürchtete einfach, daß sie mit einem Verhandlungsprozeß alle Chancen auf den Job verspielen könnte. Doch so aberwitzig es auch klingen mag: Es ist durchaus
denkbar, daß der Verzicht auf Verhandlungen den Arbeitgeber zur Rücknahme eines bereits ins Auge gefaßten Angebots veranlaßt. Wie so etwas passieren kann, erfahren wir aus
der nächsten Fallstudie.

Fallstudie 2

Als Arbeitssuchender hatte Reiner alle Trümpfe in der Hand.
Er war als Assistent des Materialmanagers in einem Bauun-
ternehmen beschäftigt. Bei einem anderen Unternehmen hatte er sich um die Stelle des Materialmanagers beworben. Damit hätte er die nächste Sprosse auf der Karriereleiter
erklommen. Außerdem wußte er bereits, daß das Unternehmen, das die Stelle ausgeschrieben hatte, ein höheres Gehalt
bot. Es zeichnete sich ab, daß er in den meisten Punkten genau der Richtige für den Job war, und das Gespräch mit dem
Geschäftsführer verlief sehr positiv. Dann kam man auf die
Finanzen zu sprechen:

Geschäftsführer: Wie wichtig ist Geld für Sie?
Reiner: Ziemlich wichtig natürlich, aber es gibt auch andere
    Dinge, die genauso wichtig sind. Die Arbeit muß mich
    ausfüllen, und ich denke auch an die Entwicklung meiner

beruflichen Karriere. Das Gehalt ist für mich nicht allein ausschlaggebend.

Geschäftsführer: Ich kann Ihnen ein Grundgehalt von fünfundsiebzigtausend, einen Firmenwagen und eine beitragsfreie Betriebsrente anbieten. Wären Sie damit einverstanden?

Reiner: Ja natürlich. Damit kann ich leben.

Die Rede kam auf andere Punkte, und das Gespräch endete in freundlicher Atmosphäre. Aber Reiner erhielt kein schriftliches Angebot. Der Geschäftsführer nannte folgenden Grund: »Er erfüllte eigentlich alle Voraussetzungen für diese Stelle. Aber während des Gesprächs betonte ich immer wieder, daß wir jemanden mit der Fähigkeit suchten, die günstigsten Materialpreise mit unseren Zulieferern auszuhandeln. Seine »einschlägigen« Erfahrungen waren eher begrenzt, und obwohl er seine Begeisterung für diese Aufgabe zum Ausdruck brachte, hatten wir keinen Beweis für sein Geschick auf diesem Gebiet. Ich gab ihm die Gelegenheit, einen besseren Preis für seine Arbeitskraft auszuhandeln, aber er verzichtete darauf. Es kommt gar nicht darauf an, ob ich ihm tatsächlich ein besseres Angebot gemacht hätte. Aber er hätte es versuchen müssen, um mir seine Fähigkeiten zu beweisen.«

Die Lehren aus Fallstudie 2

- *Bei einem Vorstellungsgespräch verkauft man unter anderem seine Fähigkeiten.* Verhandlungen setzen Geschick voraus. Und in vielen Jobs wird diese Fähigkeit auf die eine oder andere Art gebraucht. Der Arbeitgeber sucht den unwiderlegbaren Beweis, daß Sie diese Fähigkeit besitzen. Und eine solche Gelegenheit, sich ins rechte Licht zu rücken, wie bei dem Gespräch bietet sich Ihnen wahrscheinlich kein zweites Mal.

- *Selbst wenn Sie sich aus einer Position der Stärke auf Arbeitssuche begeben und wissen, daß das Gehalt gegenüber Ihrem derzeitigen eine Verbesserung bedeutet: Verhandeln Sie!*

- *Unterstellen Sie nicht vorschnell, daß das Thema Gehalt angesprochen wird, wenn in Wirklichkeit von anderen Dingen die Rede ist.* Fragen von der Art »Wie wichtig ist Geld für Sie?« sollte man nicht falsch auffassen, weil man sich damit unter Umständen auf vorzeitige Gehaltsgespräche einläßt, was nicht unbedingt im eigenen Interesse liegt. Eine andere Interpretation dieser Frage wird in Teil 2 erörtert.

- *Achten Sie auf verbale und sichtbare Signale, die darauf deuten könnten, daß das Gehalt verhandelbar ist.* In unserem Fall *impliziert* die Frage »Wären Sie damit einverstanden«, daß hier das letzte Wort noch nicht gesprochen ist. Sie lädt förmlich zu Verhandlungen ein. Es wäre töricht, solch eine Einladung abzulehnen.

Alles in allem finden wir in Fallstudie 2 ein klassisches Beispiel dafür, wie man einen drohenden Sieg in eine Niederlage verwandelt. Wenngleich die Macht in diesem Fall von Anfang an gleichmäßiger verteilt war, so verstand es der Bewerber nicht, seine vorteilhafte Position auszunutzen. In diesem Beispiel kam der Verhandlungsverzicht nicht aus Furcht, sondern aus *Unwissenheit* zustande. Und das schlimmste daran ist wohl, daß Reiner den gleichen Fehler wahrscheinlich bei weiteren Vorstellungsgesprächen wieder begehen wird. Wie alle anderen Arbeitssuchenden auch wird er nie erfahren, was er eigentlich falsch gemacht hat. Und wenn ihm so etwas öfter passiert, dann muß er sich mit Selbstzweifeln herumplagen, die an sich völlig überflüssig sind.

Der Verhandelnde ist auch ein Versorger

In diesem Kapitel hat sich gezeigt, daß unser Widerwillen gegen Verhandlungen meist auf Angst oder Unwissenheit und in den meisten Fällen auf eine Mischung aus beiden zurückzuführen ist. Aber vielleicht liegt das Kernproblem auch noch tiefer. Wahrscheinlich entspringt unsere Abneigung gegen Verhandlungen auch der Vorstellung, daß man damit nur seine Eigensucht und Gier zum Ausdruck bringt. Zum Zeitpunkt dieser Niederschrift befinden sich die meisten westlichen Ökonomien in einer starken Rezession mit vielen Arbeitslosen. Es gibt also mehr Verkäufer als Käufer. Unter diesen Umständen bedeutet für einige allein der Besitz eines Arbeitsplatzes schon einen Riesenerfolg, der um jeden Preis erstrebenswert erscheint. Da mag es manchem als Zeichen übermäßiger Habsucht vorkommen, für ein solches Privileg auch noch mehr Geld zu fordern.

Die wirtschaftliche Lage spielt naturgemäß eine große Rolle für die Machtverteilung zwischen Arbeitssuchendem und Arbeitgeber. Bei florierender Ökonomie ist die Nachfrage auf dem Arbeitsmarkt groß, und Unternehmen, die gegeneinander um eine immer kleiner werdende Reserve von Arbeitskräften konkurrieren, müssen unter Umständen mit Anreizen in Form von höheren Gehältern locken. Aber auch wenn man die wirtschaftlichen Zyklen in die Entscheidung über Verhandlungen miteinbeziehen sollte, wäre die Auffassung, daß eine Rezession jegliche Vertragsverhandlungen verbietet, ein Trugschluß.

Die umfassende Problematik von Angebot und Nachfrage ist zwar Teil der Gleichung, lenkt aber viel zu häufig von der Betrachtung von Einzelfällen ab. Ökonomische Gegebenheiten sind nur ein Nebenschauplatz, wenn man bedenkt, daß die Arbeitssuchenden nicht nur sich selbst versorgen müssen, sondern auch ihre Angehörigen. Jeder, der vor Verhandlungen zurückschreckt, sollte sich dies in aller Deutlichkeit vor Augen führen.

Denk-Zettel

- Jedes Gehalt läßt sich verhandeln.
- Über viele an sich verhandelbare Gehälter wird nicht verhandelt.
- Die Beziehung zwischen Arbeitgeber und Arbeitnehmer ist die zwischen *Käufer* und *Verkäufer*.
- Vermeiden Sie die Haltung eines Bittstellers.
- Nehmen Sie keine Gehaltsverschlechterung hin.
- Verhandeln Sie aus einer Position der Stärke.
- Lassen Sie sich nicht in vorzeitige Gehaltsdiskussionen verwickeln.
- Achten Sie auf alle Signale, die darauf hindeuten, daß das Gehalt verhandelbar ist.
- Als Verhandelnder müssen Sie auch berücksichtigen, daß Sie Ihre Angehörigen zu versorgen haben.

2. Was steht zur Verhandlung?

Was ist die Gesamtvergütung?

Unter Gesamtvergütung versteht man die Summe aller Leistungen, die einem Arbeitnehmer aus einem Arbeitsverhältnis zukommen. Das Grundgehalt ist nur ein Teil dieses Pakets. Natürlich bieten viele Jobs nur ein Gehalt ohne erkennbare Zusätze. Aber wenn man eine Arbeitsstelle im Hinblick auf ihre finanzielle Ausstattung beurteilt, darf man den Wert zusätzlicher Leistungen neben dem Grundgehalt keinesfalls unberücksichtigt lassen. Wer sich darüber nicht im klaren ist, muß mit ungeahnten Folgen für den Verhandlungsprozeß rechnen:

- Es ist durchaus denkbar, über ein höheres Gehalt als das bisher bezogene zu verhandeln und letzten Endes doch schlechter dazustehen als zuvor.
- Man kann ein Stellenangebot mit niedrigerem Gehalt ausschlagen und später erkennen, daß man wegen des größeren Leistungsumfangs des angebotenen Jobs insgesamt eigentlich eine finanzielle Besserstellung erreicht hätte.
- Während des Vorstellungsgesprächs werden Gehalt und Zusatzleistungen unter Umständen nur kurz skizziert, so

daß kein klares Bild entsteht. Unter dem Druck, der während des Gesprächs auf Ihnen lastet, stellen Sie vielleicht falsche Berechnungen und Vergleiche mit Ihrer vorherigen Arbeit an. Dieser Trugschluß wird Ihrer Begeisterung für den neuen Job einen Dämpfer versetzen, und dies wird auch Ihrem Gesprächspartner durch ihre Gesten und Worte sichtbar. Und so könnte es durchaus sein, daß man Ihnen die Stelle nicht einmal anbietet. Und das heißt natürlich, daß *Ihnen die Entscheidung aus der Hand genommen worden ist.*

In der Regel finden sich in der Gesamtvergütung einige oder alle folgenden Zusatzleistungen:

- Beitragsfreie Betriebsrente
- Firmenwagen (zur geschäftlichen/privaten Nutzung)
- Reisespesen
- Essens- und Bewirtungsspesen
- Gewinnbeteiligung
- Belegschaftsaktien
- Völlige oder teilweise Übernahme der Wohnungsmiete
- Urlaubsgeld
- 13. bzw. 14. Gehalt

Allmählich dürfte sich abzeichnen, wie kompliziert die Berechnungen unter Umständen sein können. Vor jedem Gespräch müssen Sie als Bewerber ihre Hausaufgaben erledigen und genauestens über Ihre *Ausgangslage* Bescheid wissen. Sie müssen die Gesamtvergütung Ihres gegenwärtigen oder letzten Arbeitsverhältnisses exakt beziffern können. Denken Sie immer daran, daß Sie als einzig brauchbaren Vergleich den zwischen dem *Gesamtwert* Ihrer gegenwärtigen Arbeit und dem *Gesamtwert* der ins Auge gefaßten Stellen ziehen sollten. Jeder Vergleich nur auf der Basis der Gehaltshöhe kann Sie zumindest in die Irre führen.

Welche Teile der Gesamtvergütung sind verhandelbar?

Viel hängt natürlich von der Flexibilität des Arbeitgebers ab. Manche Unternehmen halten sich in ihrer Vergütungspolitik an das sogenannte »Menü-System«, mit dem sie exakt die Kosten der einzelnen Posten im Gesamtpaket bestimmen und daraus einen Gesamtbetrag errechnen. Die potentiellen Mitarbeiter dürfen sich dann – innerhalb eines vorgegebenen Gesamtrahmens – aus einer Palette von Komponenten das Paket zusammenstellen, das ihren Bedürfnissen am besten gerecht wird. Dieses System hat sich besonders in den USA bewährt. Unternehmen, die es verwenden, gewinnen dadurch nach eigenen Angaben einen besseren Überblick über die Gehaltskosten für die einzelnen Mitarbeiter.

Aber auch wenn man im Normalfall nicht mit solch ausgeprägter Flexibilität rechnen darf, wäre es doch verfehlt, Verhandlungen über die einzelnen Bestandteile der Gesamtvergütung neben dem Grundgehalt für aussichtslos zu halten. Wie so etwas vor sich geht, erfahren wir aus der nächsten Fallstudie.

Fallstudie 3

Michael wurde zu einem Vorstellungsgespräch gebeten, bei dem sein Gesprächspartner in deutlichen Worten auf die Gesamtvergütung einging, die neben dem Grundgehalt eine beitragsfreie Betriebsrente, ein zusätzliches 14. Monatsgehalt und ein Firmenauto einschloß. Er konnte sich leicht ausrechnen, daß sich damit für ihn eine finanzielle Verbesserung abzeichnete, auch wenn das Grundgehalt das seiner vorangegangenen Stelle nicht überstieg. Da es sich um ein inseriertes

Stellenangebot handelte, wußte Michael, daß es andere Bewerber gab. Außerdem hatte er festgestellt, daß er mit vier anderen in die engere Wahl gezogen wurde. Der Gesprächsführer hatte ihm zu verstehen gegeben, daß die Stelle sehr dringend besetzt werden mußte und daß Michael den Vorteil besaß, sofort anfangen zu können. Seine Konkurrenten hingegen waren allesamt durch eine Kündigungsfrist noch einen Monat an ihre gegenwärtigen Arbeitgeber gebunden. In dieser Hinsicht hatte Michael alle Trümpfe in der Hand. Er mußte sich jetzt entscheiden:

- ob er verhandeln sollte;
- wann er verhandeln sollte;
- worüber er verhandeln sollte.

Obwohl dem Unternehmen sehr an einer schnellen Entscheidung gelegen war, entschied sich Michael gegen sofortige Gehaltsverhandlungen. Er zeigte sich weiter begeistert von der Stelle, um sich so das formale Angebot zu sichern. Das Gespräch entwickelte sich folgendermaßen:

Gesprächsführer: Wenn wir Ihnen die Stelle anbieten würden, würden Sie sie dann annehmen?
Michael: Auf der Grundlage unseres Gesprächs wäre ich sehr erfreut darüber. Ich weiß, daß Sie möglichst bald Bescheid wissen wollen. Wenn Sie mir ein schriftliches Angebot unterbreiten, dann verspreche ich Ihnen eine umgehende Antwort.
Gesprächspartner: Okay. Ich spreche heute noch mit einem anderen Bewerber und will deshalb nichts überstürzen, aber wahrscheinlich erhalten Sie bis Ende der Woche unser schriftliches Angebot.

Und so kam es auch. Der Inhalt des Angebots deckte sich hundertprozentig mit den Ausführungen während des Vorstellungsgesprächs. Nun war Michael am Zug, und er wägte das Für und Wider seiner Position ab. Für ihn stand fest, daß er die Stelle wollte, daß er der geeignete Mann dafür war und daß *sie* eine gute Wahl getroffen hatten. Und die Aussichten, ein höheres Gehalt aushandeln zu können, standen seiner Meinung nach sehr gut. Aber statt dessen sah er sich lieber *seine Bedürfnisse* noch einmal genauer an. Das angebotene Firmenauto war mit 1300 Kubikzentimetern ausreichend für Geschäftsfahrten, aber für eine private Nutzung völlig unzureichend. Michael hatte eine große Familie und brauchte ein größeres Fahrzeug. Er wies das Unternehmen auf seinen Wunsch hin, und dieses bot ihm schließlich einen Wagen mit 1800 Kubikzentimetern. Die höhere Steuerbelastung für die Nutzung eines größeren Autos wurde mehr als wettgemacht durch den Umstand, daß er jetzt anstatt dreizehn vierzehn Monatsgehälter erhielt. Darüber hinaus waren die zusätzlichen Kosten für das Unternehmen bescheiden und bestimmt geringer als im Fall eines höheren Gehalts.

Aus der Fallstudie 3 können wir eine Reihe von weiteren Lehren ziehen:

- *Das Gleichgewicht der Macht unterliegt neben dem Verhalten des Bewerbers auch dem Einfluß anderer Faktoren.* Dazu gehören Stärke der Konkurrenz, Dringlichkeit des Arbeitgeberbedarfs und die Fähigkeit, diesem schnell zu entsprechen. Hier zeigt sich ein ermutigendes Beispiel dafür, wie Beschäftigungslosigkeit bei einem Vorstellungsgespräch in ein positives Verkaufsargument umgemünzt werden kann.
- *Das Vorstellungsgespräch bietet nicht immer die beste Plattform für Verhandlungen.* Lassen Sie sich nicht in eine Verhandlungsposition drängen. Wenn es keine Rolle

spielt, wann die Übereinkunft getroffen wird, dann ist man gut beraten, sich die Gehaltsverhandlungen für später aufzuheben. Statt dessen sollten Sie sich so gut wie möglich *verkaufen,* um sich das Angebot zu sichern.

- *Sie haben kein Angebot, solange Sie es nicht schriftlich haben. Erst dann können und müssen Sie eine Entscheidung treffen.* Die Frage »Wenn wir Ihnen die Stelle anbieten würden, würden Sie sie annehmen?« ist nur ein Test. Hier ist es durchaus legitim, ein Lächeln aufzustellen und mit einer Gegenfrage zu antworten: »Bieten Sie mir die Stelle an?« Damit kann man den Gesprächspartner zu einem mündlichen Angebot bewegen, aber insgesamt gesehen ist Michaels Reaktion wahrscheinlich die günstigste. Er brachte seine Begeisterung zum Ausdruck, zeigte Verständnis für die Lage des Unternehmens und versprach eine rasche Antwort. Hätte er einfach Ja gesagt, dann hätte er dadurch sein stillschweigendes Einverständnis mit dem unterbreiteten Angebot erklärt. Jeder weitere Verhandlungsversuch nach dem Gespräch hätte sich damit von selbst verboten.

- *Obgleich es in diesem Fall nicht zutraf kann der Inhalt eines schriftlichen Angebots doch erheblich von den Angaben während des Gesprächs abweichen.* Der Unterschied ist mitunter so groß, daß man sich fragen muß, ob es sich um den gleichen Job handelt. Das läßt jedoch nicht unbedingt den Schluß auf ein Täuschungsmanöver von seiten des Arbeitgebers zu. Wahrscheinlich klappt nur die interne Kommunikation des Unternehmens nicht. Dennoch hat ein mündliches Angebot zunächst einmal rein gar nichts zu besagen.

- *Unsere Fallstudie scheint darauf hinzudeuten, daß man nur über einen Bestandteil der Gesamtvergütung verhandeln kann. Doch das muß nicht so sein. Man kann über al-*

les verhandeln, wenn es auch nicht unbedingt empfehlenswert ist. Je mehr Punkte man zu verhandeln versucht, desto weniger wird man wahrscheinlich im Einzelfall ausrichten. Natürlich können manche Fernsehentertainer, Sportstars usw. wegen ihrer Gefragtheit am Markt ihren Preis praktisch nach Belieben festsetzen. Aber für eine Stelle als Ingenieur bei dem Unternehmen XYZ aus der Güterkraftverkehrsbranche müssen sich die finanziellen Vorstellungen in einem realistischen Rahmen bewegen. Man sollte also unterscheiden zwischen *Bedarf* und *Wunsch* oder, wenn man will, zwischen *Bedarf* und *Bedürfnis*. Schließlich dürften sich die Arbeitgeber bei der Errechnung des Gesamtpakets selten so täuschen, daß *alle* Aspekte noch Spielraum für Verbesserungen lassen. Michael trennte zwischen seinem Wunsch nach einem höheren Gehalt und seinem Bedarf nach einem größeren Auto. Selbst wenn er ein höheres Gehalt ausgehandelt hätte, hätte er immer noch vor dem praktischen Problem des zu kleinen Firmenwagens gestanden. Seine Entscheidung war vernünftig.

- *Sie müssen auf eine Rechtfertigung Ihrer Gründe für Verhandlungen gefaßt sein.* Man kann mit ziemlicher Sicherheit davon ausgehen, daß jeder Versuch, einen besseren Vertrag auszuhandeln, mit der Frage nach dem »Warum« gekontert wird. Und man tut sich und seinem Anliegen bestimmt keinen Gefallen, wenn einem als Antwort nur einfällt: »Weil ich so viel wert bin.« Wenn Sie sich nicht rechtfertigen können, schwächen Sie Ihre Verhandlungsposition und müssen sich auf hartnäckigeren Widerstand einstellen.

Belegschaftsaktien und Arbeitnehmer-Sparzulage

Mit einer Belegschaftsaktie räumt der Arbeitgeber dem Arbeitnehmer die Möglichkeit zur Beteiligung am Unternehmensgewinn ein. Einige Unternehmen geben Aktien als Teil der Gesamtvergütung oder als Alternative zu Prämien an ihre Mitarbeiter aus. Unter bestimmten Voraussetzungen sind mit der Ausgabe von Belegschaftsaktien finanzielle Vorteile verbunden. Diese Voraussetzungen werden durch das Vermögensbildungsgesetz und das Einkommensteuergesetz geregelt.

Im Rahmen des Vermögensbildungsgesetzes können Arbeitnehmer Kapitalbeteiligungen am Unternehmen erwerben. Wenn ihr zu versteuerndes Einkommen 27.000 DM für Ledige und 54.000 DM für Verheiratete jährlich nicht übersteigt, erhalten sie bei diesen Anlageformen eine Arbeitnehmer-Sparzulage von 20 Prozent. Begünstigt wird diese Anlage bis zum Höchstbetrag von 936 DM jährlich.

Unabhängig von der Höhe des Einkommens sieht die Einkommensteuergesetzgebung vor, daß bei verbilligter oder unentgeltlicher Überlassung von Vermögensbeteiligungen an Arbeitnehmer der diesen zugutekommende Kursvorteil bis zur Hälfte des Wertes, höchstens jedoch bis zu 500 DM jährlich steuer- und sozialabgabenfrei bleibt. Selbstverständlich entfällt für diese Verbilligung auch der Arbeitgeberanteil an den Sozialabgaben auf diesen Betrag. Bei einer Beteiligung von 800 DM müßten also für 400 DM keine Steuern und Sozialabgaben entrichtet werden; bei einer Beteiligung von 1.200 DM blieben dagegen nur 500 DM steuer- und abgabenfrei.

Voraussetzung für diese staatliche Begünstigung ist die Vereinbarung einer *mindestens* sechsjährigen Sperrfrist, innerhalb derer der Arbeitnehmer über die Beteiligungen grundsätzlich nicht verfügen darf. Im Falle einer vorzeitigen Verfügung müssen die Gewinne nachversteuert werden. Grundsätzlich unterliegen zwar die Zahl der ausgegebenen Aktien und der gewährte Kursvorteil keinen Beschränkungen, doch eine Abstimmung auf die Arbeitnehmer-Sparzulage einerseits und die Höhe des steuer- und sozialabgabenfreien Betrags andererseits ist sinnvoll, weil ja nur in diesem Fall ein Vorteil für den Arbeitnehmer entsteht. Für Sie als Bewerber stellt sich dazu im Vorfeld der Verhandlungen eine wichtige Frage.

Komme ich dafür in Frage und wenn ja, wann?

Sie müssen feststellen, ab welcher Länge der Betriebszugehörigkeit man für eine Aktienbeteiligung in Frage kommt. Manche Systeme sind nur als Bonus für Mitarbeiter gedacht, die mehrere Jahre im Unternehmen bleiben wollen. Andernfalls kommen Sie für eine Aktienbeteiligung nicht in Betracht. Handelt es sich also um ein Unternehmen, dem Sie mehrere Jahre treu bleiben möchten und können? Wenn Ihnen an Ihrer beruflichen Karriere gelegen ist, dann kann Ihnen ein großes Unternehmen die geeigneten Aufstiegsmöglichkeiten bieten. Ist das Unternehmen jedoch klein, dann müssen Sie sich unter Umständen auch anderswo umsehen.

Zusammensetzung des Puzzles

In Kapitel 1 haben wir gesehen, daß man das Gleichgewicht der Macht wiederherstellen kann, wenn man seine Angst und Unwissenheit überwindet. Auch andere Faktoren wirken sich auf dieses Gleichgewicht aus, wie zum Beispiel die Stärke der Konkurrenz, die Dringlichkeit des Bedarfs auf Arbeitgeberseite und die Fähigkeit, diesen Bedarf zu erfüllen. Wissen ist bekanntlich Macht, und daher sollten Sie sich überlegen, welches weitere Wissen Ihre Interessen fördern und Ihr Selbstvertrauen in den Verhandlungen stärken könnte. Ein Vorstellungsgespräch unterscheidet sich kaum von einem Verkaufsgespräch, und solche Gespräche haben durchaus etwas von einem Puzzle an sich. Vor der Unterredung kann man einige Teile zusammensetzen und erwarten, daß sich die restlichen Teile im Verlauf des Gesprächs zu einem durchschaubaren Ganzen zusammenfügen. Dabei gilt es, folgenden Grundsatz zu beachten: Je mehr Teile man schon vor der Unterredung zusammensetzen kann, desto weniger unvorhergesehene Überraschungen dürften sich während des Gesprächs ergeben. Aber es ist wirklich bestürzend, wie viele Bewerber diese Gelegenheit nicht nutzen. Sehen wir uns folgenden Brief an:

Sehr geehrter Herr Schwarz,

wir haben Ihre Bewerbung für die obige Stelle erhalten und möchten Sie gerne zu einem Gespräch am 25. Oktober um 14.30 Uhr in unseren Räumen einladen. Wenn Sie ankommen, fragen Sie bitte nach Frau Schmidt.

Mit freundlichen Grüßen
Peter Hansen
Personalleiter

Nicht alle Einladungen zu einem Vorstellungsgespräch sind so knapp abgefaßt, aber viele sind wirklich so kurz angebunden. Welche Teile des Puzzles kann man dem Schreiben entnehmen?

- Ort des Gesprächs
- Datum des Gesprächs
- Uhrzeit des Gesprächs

Und wie viele Teile fehlen?

- Name und Position des/der Gesprächsführer/s
- Zweck des Gesprächs
- Voraussichtliche Dauer des Gesprächs

Man kann immer wieder feststellen, daß ausgerechnet diese drei für den letztlichen Verhandlungserfolg so maßgeblichen Informationen im Brief fehlen. Ohne Absicht natürlich, aber kein professioneller Verkäufer würde auch nur einen Gedanken an ein Treffen verschwenden, ohne vorher herauszufinden, mit *wem* er es zu tun hat, *wie lange* das Gespräch voraussichtlich dauern wird und *welchem Zweck* es dient. Doch leider machen wir als Arbeitssuchende, und besonders wenn wir uns in der Rolle des Bittstellers fühlen, genau diesen Fehler. »Sich treiben lassen und auf das Beste hoffen«, unter diesem Motto könnten viele Vorstellungsgespräche für die Bewerber stehen.

Mit wem haben Sie es zu tun?

Im Hinblick auf mögliche Verhandlungen *können Sie keine Überraschungen gebrauchen.* Ihre Taktik für das Treffen wird zu einem großen Teil durch Ihren Gesprächspartner bestimmt. Der Brief läßt die Frage offen, wer Frau Schmidt eigentlich ist. Sie könnte jede Funktion im Unternehmen bekleiden, von der Empfangsdame bis hin zur Geschäftsführerin. Es wäre verständlich und sogar verzeihlich, wenn Sie davon ausgehen würden, das Vorstellungsgespräch mit ihr zu führen. Aber man sollte nichts dem Zufall überlassen. Es gibt zahllose Geschichten von Bewerbern, die diesen Punkt nicht abklärten und sich dann (oft von einer Frau Schmidt) wie die Unschuldslämmer zur Schlachtbank führen ließen und plötzlich in einem imposanten Konferenzraum einem Gremium von sechs Fremden gegenüberstanden. Auf solch eine Überraschung können Sie verzichten. Man könnte auch der Meinung sein, daß der Verfasser des Briefes an dem Gespräch teilnimmt. Doch am besten fährt man, wenn man *überhaupt nichts annimmt!*

Vielleicht denken Sie aber auch, daß die ausdrückliche Benennung des Gesprächszwecks überflüssig ist, weil er ohnehin feststeht. Anhand des Treffens soll einfach festgestellt werden, ob Sie sich für die Stelle eignen und ob Sie bereit sind, sie zu übernehmen oder nicht? Falsch! In Wirklichkeit kommt es hier auf den *Spielplan* an. Handelt es sich um ein einziges oder um ein vorläufiges Gespräch, dem dann irgendwann in der Zukunft noch eine weitere Unterredung folgt, falls man in die engere Wahl gekommen ist? Natürlich wird in Angestelltenberufen nur in Ausnahmefällen in einem einzigen Gespräch über die Einstellung entschieden. Wenn es sich also um den Auftakt zu einer Reihe von Unterredungen handelt, dann gilt es für Sie in erster Linie, die jeweils nächste Stufe zu erreichen – und nicht mit überzogenen finanziellen Forderungen ihren Gesprächspartner zu vergraulen.

Sie haben ein Recht darauf, die voraussichtliche Länge des Treffens zu erfahren. Schließlich haben Sie zu tun und müssen auch noch anderen Verpflichtungen nachkommen. Die Bedeutung des Zeitfaktors liegt jedoch nicht nur in Ihrem legitimen Interesse, auch Ihre anderen Angelegenheiten zu erledigen. Den entscheidenden Grund veranschaulicht Fallstudie 4.

Fallstudie 4

Christine wurde zu einem Vorstellungsgespräch gebeten, aber weder über den zeitlichen noch über den organisatorischen Ablauf des Verfahrens in Kenntnis gesetzt. Völlig zu Recht griff sie also zum Telefon und brachte in Erfahrung, daß es sich um ein erstes Gespräch mit dem Personalleiter handelte. Die Kandidaten der engeren Wahl sollten dann zwei Wochen später ein weiteres Gespräch führen – mit wem, war bislang noch nicht bekannt. Leider vergaß Christine, nach der geplanten Dauer des ersten Gesprächs zu fragen.

Bei dem Treffen stellte sich während des üblichen »Vorgeplänkels« gleich zu Anfang heraus, daß zwischen dem Personalchef und Christine eine Gemeinsamkeit bestand. Beide hatten vor langer Zeit demselben Sportverein angehört. In den nächsten zwanzig Minuten führte man eine angeregte und vergnügliche Unterhaltung über dieses Thema. Christine dankte dem Himmel für diesen glücklichen Zufall und erging sich mit dem Personalleiter in alten Erinnerungen. Schaden konnte es ja nicht, schließlich hatte man ja noch genügend Zeit. Aber leider war sie schon fast abgelaufen. Der Gesprächsführer unternahm einen heldenhaften Versuch, das Steuer noch herumzureißen. Es verblieben ihm jedoch nur noch zehn Minuten, in denen er Christine die Art der Arbeit erklären und sachliche Fragen nach ihren einschlägigen Erfahrungen stellen mußte, um so das für eine Empfehlung zu einem weiteren Gespräch nötige Material zusammenzubekommen. Eine auf dreißig Minuten angesetzte Unterredung hatte so vierzig Minuten gedauert, doch die Hälfte dieser Zeit hatte man einfach verplaudert und sich nicht um den eigentlichen Zweck der Zusammenkunft gekümmert. Christine meinte später dazu: »Ich war nicht besonders überrascht, daß ich nicht zu einem zweiten Gespräch eingeladen wurde.

Nach dem Treffen hatte ich das Gefühl, daß ich überhaupt nicht dazu gekommen war, meine Qualitäten ins richtige Licht zu rücken. Ich hatte gar keine Gelegenheit dazu, aber ich nahm natürlich auch an, wir hätten genügend Zeit.«

Aber am besten fährt man, wenn man *überhaupt nichts annimmt*! Diese Fallstudie ist bestimmt keine Ausnahme. Unter verschiedenen Vorzeichen ergibt sich solch eine Situation immer wieder. Nehmen Sie nie an, daß die Gesprächsführer wissen, wie man ein Einstellungsgespräch führt oder daß sie Freude daran haben und Sie befragen wollen. Wenn Christine bereits im Vorfeld herausgefunden hätte, daß sie nur dreißig Minuten hatte, um sich so gut wie möglich zu verkaufen, dann hätte sie das Gespräch noch rechtzeitig auf den eigentlichen Zweck der Zusammenkunft bringen können.

Wer nicht an den Verhandlungstisch gelangt, der hat auch nichts zu verhandeln. Und wer seine Hausaufgaben nicht macht und die Teile des Puzzles nicht zusammensetzt, der muß damit rechnen, den Verhandlungstisch nicht zu erreichen.

Maßnahmen im Vorfeld des Gesprächs

- *Lesen Sie die Einladung sorgfältig durch.* Stellen Sie fest, was Sie daraus nicht erfahren.
- *Rufen Sie das Unternehmen an, bestätigen Sie, daß Sie der Einladung gerne folgen werden und erkundigen Sie sich, wenn nicht bereits im Brief angegeben, nach folgenden Punkten:*

  a. Dauer des Gesprächs
  b. Zweck des Gesprächs
  c. Der/die Gesprächsführer

- *Wenn keine Arbeitsbeschreibung beiliegt, fragen Sie an, ob man Ihnen nicht schon vor dem Gespräch eine schicken kann.* Dadurch erhalten Sie einen besseren Überblick über die Bedürfnisse des Arbeitgebers. Als nützlich können sich andere Informationen über das Unternehmen erweisen wie Jahresberichte, Verkaufsliteratur, Prospekte usw.

Aber seien Sie auf der Hut. Ein Telefonanruf kann sich auch zu Ihrem Nachteil auswirken. Die Gefahr dieser Situation liegt in ihrer Unberechenbarkeit. Man weiß nie, wer auf der anderen Seite den Hörer abnimmt. Es könnte derjenige sein, der Sie befragen wird. Und wenn Sie nicht aufpassen, dann kann es Ihnen passieren, daß er Sie gleich am Telefon in die Mangel nimmt, ein Alptraum für einen Bewerber, der noch nicht vorbereitet ist. Neben der Erkundung wesentlicher Informationen kann man durch einen Telefonanruf Eigeninitiative beweisen. Man ergreift zweckdienliche Maßnahmen, an die die Konkurrenten gar nicht denken. Damit verschafft man sich möglicherweise Sympathien und sammelt Pluspunkte. Achten Sie jedoch genau auf die Vorgänge am anderen Ende der Leitung. In den meisten Fällen wird man Ihnen mit großer Hilfsbereitschaft begegnen. Aber wenn gerade großer Trubel herrscht, dann wird man sich nicht auch noch mit einer langen Reihe von Fragen eines wildfremden Anrufers herumschlagen wollen. Sollte dies nach Ihrem Eindruck der Fall sein, bieten Sie Ihrem Gesprächsteilnehmer an, zu einem für ihn günstigeren Zeitpunkt noch einmal anzurufen.

Denk-Zettel

- Bereiten Sie sich auf die Verhandlung anderer Fakten als nur des Grundgehalts vor.
- Während des Gesprächs kommt es für Sie als erstes darauf an, Ihre Vorzüge zu verkaufen, um sich das schriftliche Angebot zu sichern.
- Als zweites müssen Sie daran denken, wie Sie das richtige Gehalt aushandeln.
- Verhandeln Sie nicht, ehe Sie müssen.
- Schätzen Sie den finanziellen Gesamtumfang Ihrer gegenwärtigen Vergütung ein.
- Erkunden Sie die Machtverteilung. Wie steht es mit der Konkurrenz? Wie dringend wird der Mitarbeiter gesucht?
- Trennen Sie zwischen Ihren Wünschen und Ihrem Bedarf. Bedarf vs. Bedürfnis.
- Das Angebot haben Sie erst, wenn es Ihnen schriftlich vorliegt.
- Sie müssen Ihre Verhandlungsgründe rechtfertigen können.
- Machen Sie Ihre Hausaufgaben. Wenn Sie den Verhandlungstisch gar nicht erreichen, dann haben Sie auch nichts zu verhandeln.

3. Was haben Sie zu verkaufen?

Eine Grundregel der Kunst des Verhandelns lautet, daß *Verkäufer einen Käufermarkt meiden sollten.* In einem Käufermarkt ist die Machtverteilung für den Verkäufer denkbar ungünstig. Aber Grundregeln sind die eine Seite, und die Realität ist eine andere. Die bittere Realität für die meisten Arbeitssuchenden sieht so aus, daß ihnen aufgrund einer Rationalisierungsmaßnahme oder anderer dringender persönlicher Bedürfnisse gar keine andere Wahl als der Käufermarkt bleibt. Dennoch muß niemand gleich von vornherein die Flinte ins Korn werfen. Auch wer seine Arbeitskraft in einem Käufermarkt anbietet, steht nicht völlig ohne Trümpfe da, wenn es ans Verhandeln geht. Sie müssen sich wahrscheinlich mehr anstrengen. Je besser Sie sich verkaufen, desto stärker ist letztlich auch Ihre Verhandlungsposition. Selbstverständlich kann nicht jeder mit den gleichen Vorzügen glänzen, und auch der einzelne kann auf Arbeitssuche durchaus gegenüber verschiedenen Arbeitgebern jeweils andere Qualitäten betonen. Dementsprechend wird es von Zeit zu Zeit auch nötig sein, unterschiedliche Bewerbungsschreiben zu verwenden.

Die gute Nachricht für Sie lautet: Auch angesichts starker Konkurrenz können Sie auf Ihren Vorteil rechnen, weil Ihre Mitbewerber allesamt keine Ahnung davon haben, daß sie in ein Verkaufsgespräch treten; und natürlich wissen sie erst recht nicht, *was* sie verkaufen sollen. Solches Unwissen mag erstaunlich erscheinen, aber es handelt sich dabei um ein weiteres negatives Nebenprodukt der Bittstellerattitüde. Nach ihrem Verständnis geht man eben zu einem Vorstellungsgespräch, weil man eine Arbeit sucht. Sie hingegen setzen sich mit dem Gesprächsführer zusammen, *weil Sie das Unternehmen mit einem wertvollen Beitrag unterstützen können.* Es ist daher an der Zeit, Ihr eigenes Profil zusammenzustellen. Welche wertvollen Qualitäten können Sie beisteuern, an denen das Unternehmen aller Wahrscheinlichkeit nach interessiert ist? (Ob es sich tatsächlich interessiert zeigen wird, ist eine Frage, der wir später nachgehen wollen.)

• Erfahrung
• Fähigkeiten
• Leistungen
• Qualifikationen
• Persönlichkeit
• Verbundenheit
• Initiative

Dies sind nur einige Punkte, die eine genauere Betrachtung lohnenswert erscheinen lassen.

Erfahrung

Erfahrung wird als eigenständiger Faktor oft weit überschätzt, weil sie häufig bloß in Jahren ausgedrückt wird. Wenn Sie auf Ihre zwanzigjährige Erfahrung in der Elektronikbranche verweisen, was läßt sich daraus entnehmen? Man weiß jetzt, wie lange Sie schon in diesem Bereich tätig sind, aber man hat noch keinerlei Anhaltspunkte darüber, *wie gut*

Sie arbeiten. Ein Konkurrent mit nur zehnjähriger Berufserfahrung könnte Ihnen haushoch überlegen sein. Viele Arbeitssuchende, die an Verhandlungen denken, halten ihren Mangel an Erfahrung für eine Achillesferse. Damit untergraben sie ihr Selbstvertrauen und sind immer weniger geneigt, Verhandlungen aufzunehmen. Wenn Sie Ihre tatsächliche Erfahrung effektiv in die Waagschale werfen können, dann sollten Sie sich wegen Erfahrungsdefiziten in anderen Bereichen keine allzu großen Sorgen machen. Etwaige Zweifel des Käufers an der Qualität Ihrer *relevanten* Erfahrungen lassen sich in folgender Formulierung zusammenfassen: »Weil Sie eine solche Arbeit noch nie gemacht haben, habe ich Zweifel an Ihrer Eignung.« Entweder verfügen Sie über genügend relevante Erfahrungen oder nicht. Wenn ja, dann spielen Sie diesen Trumpf aus. Und wenn nicht, dann können Sie den Gesprächsführer zumindest davon überzeugen, daß Sie zu der Arbeit *fähig* sind.

Sie können einen guten Eindruck auf den Gesprächsführer machen, wenn Sie ihm ihr Selbstvertrauen, Ihr Engagement, Ihre Flexibilität und Ihre rasche Lernfähigkeit zeigen. Wenn Sie sich geschickt gegen den Vorwurf mangelnder Erfahrung zur Wehr setzen, dann haben Sie später, falls Sie das Stellenangebot erhalten, mehr Spielraum für Verhandlungen. Schon hier kann sich also entscheiden, ob man Sie am unteren oder oberen Ende der Gehaltsskala einstuft.

Fähigkeiten

Eine überzeugende Darstellung der eigenen Fähigkeiten ist eine unabdingbare Voraussetzung für jede Gehaltsverhandlung. Sie sollten sich nicht in eine Verhandlungsposition begeben oder drängen lassen, ehe Sie nicht alle Fähigkeiten angesprochen haben, die in Ihren Augen Ihre besondere Eignung für die Stelle belegen. Arbeitssuchende verbreiten sich oft über ihre »Erfahrung«, sind aber kaum imstande, die daraus erwachsenen Fähigkeiten genau zu benennen. Allem Anschein nach herrscht hier die allgemeine Anschauung vor, es sei Aufgabe des Gesprächsführers, dem Bewerber diese Informationen durch geschicktes Fragen zu entlocken. Doch man sollte es dem Gesprächsführer nicht noch schwerer machen, als es ohnehin schon ist. Ganz im Gegenteil. Geübte und gewitzte Gesprächsführer können den Bewerbern die erwünschten Informationen zwar aus der Nase ziehen, aber selbst sie würden gern darauf verzichten. Wer sich seiner Fähigkeiten nicht ganz sicher ist, der kann sich an die Übung in Kapitel 4 halten.

Leistungen

Sie verkaufen Erfolge und die Fähigkeit, Resultate zu erzielen. Dafür werden Mitarbeiter bezahlt, und deswegen werden die einen unter Umständen auch besser bezahlt als die anderen. Ein ziemlich naheliegendes, wenn auch nicht fehlerfreies Verfahren zur Ermittlung Ihres Leistungspotentials besteht für den Gesprächsführer darin, Sie nach Ihren Leistungen für frühere Arbeitgeber zu fragen. Ihre Erfolgsbilanz bietet dem Unternehmen das *Belegmaterial*, auf das man ein objektives Urteil stützen kann. Also, welche Erfolge haben Sie aufgrund Ihrer früheren Erfahrungen erzielt?

Zugegeben, wir äußern uns nicht gern zu eigenen Leistungen, und am allerwenigsten wollen wir uns damit bei einem Vorstellungsgespräch in die Brust werfen. Aber man sollte auch daran denken, daß viele fähige, aber bescheidene Menschen arbeitslos sind oder für einen Hungerlohn arbeiten.

Übertriebene Bescheidenheit stärkt nicht gerade die eigene Verhandlungsposition.

Bringen Sie Ihre Erfolge nicht wahllos ins Spiel. Ihre größte Leistung war vielleicht der Gewinn der Tango-Meisterschaft in Buxtehude im Jahr 1982, aber bei einem Bewerbungsgespräch für die Stelle eines Bezirksleiters bei einem Stahlträgerunternehmen löst man damit nur Gähnen aus. Verkaufen Sie lieber geringere Erfolge, wenn sie in einem relevanteren Zusammenhang mit dem Bedarf des Unternehmens stehen. Leistungen lassen sich nicht immer auf treffende Weise darstellen: Wenn Sie es können, sollten Sie sich keinen Zwang auferlegen, aber auf jeden Fall vermeiden, vertrauliche Informationen an den Gesprächsführer weiterzugeben. Sie sollten nicht vergessen, daß auch Ihre *Integrität* zur Debatte steht. Mit besonderem Wohlwollen betrachten Arbeitgeber Leistungen, die auf Ihre Fähigkeit zur Kostensenkung und Gewinnsteigerung deuten. Die Bedeutung dieses Punkts für die spätere Verhandlungsführung sollte Ihnen nicht verborgen bleiben. Arbeitgeber können sich leichter mit dem Gedanken an ein verbessertes Gehaltsgefüge anfreunden, wenn Sie sie davon überzeugen, daß *Sie Ihr Geld wert sind.*

Qualifikationen

Hier ist Vorsicht geboten, weil man sich womöglich aufs Glatteis begibt. Die Frage fachlicher Qualifikationen sollte beim Vorstellungsgespräch nicht so sehr im Zentrum stehen wie in der Bewerbungsphase. Sonst läuft man nämlich Gefahr, als überqualifiziert zu erscheinen. Wer zuviel verkauft, steht am Ende unter Umständen mit leeren Händen da. Vielleicht besitzen Sie einen Doktorgrad und können damit höhere Gehaltsforderungen rechtfertigen. Aber braucht das Unternehmen Ihren akademischen Grad? Und wenn nicht, warum sollte es sich dann die zusätzlichen Kosten aufhalsen? Eine zu hohe Qualifizierung könnte dem Gesprächsführer den Eindruck vermitteln, daß »weniger mehr wäre«. Spielen Sie diesen besonderen Trumpf also nur aus, wenn Sie sich über den Bedarfsrahmen des Unternehmens genauestens orientiert haben.

Persönlichkeit

Diese Eigenschaft läßt sich zwar schlecht mit einem zahlenmäßigen Wert beziffern, aber man könnte mit Recht behaupten, daß nichts im Verlauf eines Vorstellungsgesprächs so sehr im Mittelpunkt des Interesses steht wie gerade das Persönlichkeitsprofil des Bewerbers. Allgemein gesprochen versteht man darunter die Kombination geistiger und verhaltensmäßiger Merkmale, die die Identität eines Menschen ausmachen. Ein guter Verkäufer muß sehr viel Persönlichkeit ausstrahlen. Der vom Arbeitgeber erwünschte Persönlichkeitstyp ändert sich zwar von Arbeit zu Arbeit, doch generell – und vor allem bei Führungskräften – sieht man am liebsten eine Mischung folgender Qualitäten:

- Selbstvertrauen
- Positive Geisteshaltung
- Selbstachtung
- Engagement
- Sinn für Humor
- Vernunft
- Intelligenz

Verbundenheit

Man sollte selbstverständlich einen gewissen Grad der Verbundenheit mit der Arbeit für das Unternehmen zeigen. Der Eindruck einer mangelnden Begeisterung für eine Tätigkeit kann sich dann ergeben, wenn jemand vorübergehend seinen Beruf aufgibt, um etwas anderes zu versuchen. Wenn Sie Ihre frühere Arbeit gekündigt haben, um selbständig zu werden, aber keinen Erfolg damit hatten, dann bietet sich Ihnen als einziger realistischer Ausweg vermutlich die Arbeitssuche. Die Gründung eines eigenen Unternehmens verlangt viele der oben genannten Eigenschaften, aber für den dauerhaften Erfolg braucht man auch ein Talent für Planung, Voraussicht und das nötige Geschick im Management. Wenn Ihr Unternehmen Schiffbruch erlitten hat, dann sehen sich Ihre potentiellen Arbeitgeber vielleicht dazu veranlaßt, Ihre Fähigkeiten auf diesem Gebiet zu bezweifeln. Vergessen Sie also nicht: Sie müssen Ihre Erfolge und nicht Ihre Fehlschläge verkaufen.

Außerdem werden vermutlich die *Motive* für Ihren Wechsel aus einem abhängigen Arbeitsverhältnis in die Selbständigkeit und der Wunsch nach Rückkehr in den alten Beruf genauer unter die Lupe genommen. Wenn Ihre ursprüngliche Kündigung auf Unzufriedenheit mit Ihrer vorherigen Tätigkeit zurückzuführen war, dann werden die Arbeitgeber natürlich wissen wollen, ob und weshalb Sie einen neuerlichen Gesinnungswandel durchgemacht haben – einmal abgesehen davon, daß Sie zur Zeit finanziell in der Klemme stecken.

Das soll nicht heißen, daß Sie keine Arbeit mehr bekommen. So eine Behauptung wäre lächerlich. Es *soll* jedoch heißen, daß die Unterbrechung Ihrer Berufskarriere Zweifel an Ihrer Verbundenheit gegenüber dem Beruf aufkommen läßt. Man wird Ihnen bestimmt einen Neuanfang ermöglichen, aber Ihre Berufskollegen sind unter Umständen dazu geneigt, Sie zunächst auf einer etwas niedrigeren Gehaltsebene einzustufen, die Ihrem »Vertrauensbruch« Rechnung trägt.

Initiative

Diese Eigenschaft ist bei den meisten Arbeitgebern gefragt. Aber wie kann man sie überzeugend darstellen? Die bloße Behauptung, man verfüge über Initiative, bringt nicht viel. Der Gesprächsführer würde höchstens Beweise verlangen. Am besten fährt man also, wenn man seine Initiative *zeigt*. Fallstudie 4 belegt, daß man durch die Zusammensetzung des Puzzles schon vor dem Gespräch das nötige Selbstvertrauen für Gehaltsverhandlungen gewinnt. Doch ganz abgesehen von diesem beachtlichen Vorteil beweist man mit den geeigneten Rückfragen ein großes Maß an Eigeninitiative. Eine praktische Demonstration eigener Fähigkeiten hinterläßt immer einen nachhaltigeren Eindruck. Reden Sie also nicht – lassen Sie Taten sprechen.

Die besonderen Verkaufsargumente

Nachdem Sie das Paket aller möglichen Vorzüge zusammengestellt haben, mit denen Sie das Unternehmen unterstützen könnten, müssen Sie als nächsten Schritt Klarheit darüber gewinnen, wie viele davon den Arbeitgeber wahrscheinlich aufhorchen lassen werden. Wo liegen also Ihre »besonderen Verkaufsargumente«? Damit meinen wir nicht unbedingt etwas im Markt völlig Einzigartiges (obwohl sich etwas wirklich Einmaliges natürlich als hervorragendes Verkaufsargument verwenden läßt), sondern etwas, was Sie Ihren Konkurrenten voraushaben. Natürlich sind Sie damit allein auf Ihr gutes Gespür angewiesen. Denn nur selten weiß man Genaueres über die Mitbewerber.

Wenn der Arbeitgeber während des ersten Ausleseverfahrens nicht geschlafen hat, dann kann man mit großer Wahrscheinlichkeit unterstellen, daß jeder der in die engere Wahl gezogenen Kandidaten tatsächlich für die Stelle geeignet ist. Ihr Ziel heißt nun, den Arbeitgeber davon zu überzeugen, daß er die Position Ihnen und nicht den anderen anbieten sollte. Einen großen Schritt in Richtung Erfolg können Sie tun, wenn Sie einfach Ihren *Wunsch* nach dieser Stelle zum Ausdruck bringen. Das mag banal klingen, aber viele Bewerber erreichen das Verhandlungsstadium nur deshalb nicht, weil sie dem Arbeitgeber nicht deutlich zu verstehen geben, daß sie die Arbeit wollen. Zeigen Sie Ihre Begeisterung für die Arbeit in *diesem* Unternehmen und in *dieser* Position, und unterstreichen Sie damit Ihren Wunsch nach dem Job. Achten Sie jedoch darauf, daß der Wunsch nicht nach Verzweiflung klingt. Sie wollen den Job nicht, weil Sie unbedingt einen brauchen, sondern weil Sie die Probleme des Unternehmens lösen können.

Doch das allein reicht eventuell noch nicht. Der Arbeitgeber fragt sich vielleicht immer noch, weshalb er sich ausgerechnet für diesen Bewerber entscheiden soll und welche Vorzüge er mitbringt, die die anderen nicht aufweisen. Wenn Sie Ihre besonderen Qualitäten nicht richtig herausstreichen, dann wird vielleicht eine Münze geworfen, oder der Job wird einfach dem Bewerber angeboten, der den Erwartungen am ehesten entspricht.

Vielleicht sollten Sie auch noch daran denken, daß der Arbeitgeber Sie nicht nur wegen der Fähigkeiten will, die Sie in diese Stelle einbringen können. Er *investiert* auch in Ihr Potential, das heißt, er setzt auf das, *was Sie in Zukunft für das Unternehmen leisten können.* Sie verfügen vielleicht über ein besonderes Talent, das für den ins Auge gefaßten Job nicht relevant ist. Aber in der Zukunft kann es sich möglicherweise als enorm relevant erweisen. Fallstudie 5 unterstreicht diesen Punkt.

Fallstudie 5

Martin war Marketingspezialist mit Berufserfahrung in der Dienstleistungsbranche, in der Werbung, der Verkaufsförderung und der Veranstaltung von Messen. Sein beruflicher Werdegang hatte sich bislang auschließlich in Deutschland abgespielt, und er hatte sich um eine Marketingstelle bei einem Unternehmen mit Hauptsitz in Bayern beworben. Es handelte sich um ein junges und ehrgeiziges Unternehmen, das bereits eine Reihe von Niederlassungen in ganz Deutschland unterhielt. Beim zweiten Gespräch mit den drei Geschäftsführern wurde nebenbei erwähnt, daß man binnen drei Jahren die Eröffnung einer Niederlassung in Paris beabsichtigte. Niemand griff die Bemerkung auf, da sie für die Stelle nicht relevant war. Man sprach die Gesamtvergütung an, trat aber noch nicht in Verhandlungen ein. Unmittelbar nach dem Gespräch schrieb Martin einen Brief an den Arbeitgeber.

- Er bedankte sich für die Mühe und Gastfreundschaft;
- er betonte noch einmal sein Interesse an der Stelle;
- er wies auf seine – im Augenblick vielleicht noch nicht benötigten – guten Französischkenntnisse hin, die sich jedoch in Zukunft als sehr nützlich erweisen konnten.

Martin erhielt das Angebot und konnte das Unternehmen dazu überreden, sein Grundgehalt um 3.000 DM anzuheben. Später fand er heraus, daß die Geschäftsführer zwischen ihm und einem weiteren Bewerber gezögert hatten. Martins Brief gab den letzten Ausschlag für Ihre Entscheidung.

Aus Martins Erfahrung läßt sich viel lernen

- *Ein besonderes Verkaufsargument tritt vielleicht erst relativ spät im Bewerbungsprozeß hervor.* Martins gute Französischkenntnisse waren natürlich in seinem Bewerbungsschreiben aufgeführt, aber er wies nicht mehr eigens darauf hin, weil er sich keinen Vorteil davon versprach. Auch die Geschäftsführer gingen nicht darauf ein, da sie sich des potentiellen Vorteils für das Unternehmen nicht bewußt waren. Es kommt nicht selten vor, daß der Arbeitgeber von seinem Bedarf gar nichts weiß, bis ihn jemand darauf aufmerksam macht.

- *Ein Dankesschreiben hat schon vielen Menschen zu Jobs verholfen, die sie ansonsten nie und nimmer bekommen hätten.* Der Brief legte das Fundament für die Verhandlungen. Und damit zeigt sich in aller Deutlichkeit, wie sehr erfolgreiche Verhandlungen von der Vernunft und der Höflichkeit abhängen, die beide nicht unbedingt zu den häufigsten Eigenschaften zählen. Martins Brief unterstrich nicht nur seine Französischkenntnisse, sondern auch:

  a. Höflichkeit
  b. Engagement;
  c. Verbundenheit
  d. Initiative
  e. und eine relevante Fähigkeit (Marketing).

- *Martin ging voller Selbstvertrauen in die Verhandlungen, weil er seine Gründe rechtfertigen konnte.* Hätte er sein besonderes Verkaufsargument nicht vorgebracht, dann hätte er das Angebot *vielleicht* trotzdem erhalten und *vielleicht* trotzdem ein höheres Gehalt aushandeln können. Aber seine Verhandlungsposition wäre ungleich schwächer gewesen, so daß er möglicherweise von dem Versuch sogar ganz Abstand genommen hätte.

Was haben Sie sonst noch zu bieten?

Vielleicht wissen Sie momentan nicht, welche Fähigkeiten als etwas Besonderes gelten können. In diesem Fall müssen Sie nach einer Alternative Ausschau halten. Sie suchen nach einem Vorzug, der den Arbeitgeber dazu ermuntern könnte, den Job Ihnen und nicht einem Ihrer Konkurrenten anzubieten. Und solch ein Vorzug kann später auch Ihre Ausgangsposition für die Gehaltsverhandlungen stärken.

Besonders gut gerüstet für die Bestimmung solch eines Vorteils sind Sie natürlich dann, wenn Sie sich Klarheit über die Bedürfnisse des Unternehmens verschafft haben. Ein Inserat zum Beispiel läßt sich durchaus als eine »Wunschliste« mit den Bedürfnissen des Käufers lesen. Einige davon sind dringlicher als die anderen. Und wenn es sich um ein gut durchdachtes Inserat handelt, dann sollte es Ihnen nicht weiter schwerfallen, die Einzelposten nach Priorität zu sortieren. Achten Sie auf die verräterischen Zeichen: Der Gebrauch von Wörtern und Formulierungen wie »idealerweise«, »bevorzugt«, »wäre ein Vorteil«, »wahrscheinlich« deutet jeweils darauf hin, daß man sich notfalls auch mit weniger zufriedengeben würde. Wenn man Sie in diesem Fall zu einem Vorstellungsgespräch einlädt, dann können Sie das schriftliche Angebot durchaus erhalten. Aber je mehr Abstriche die

Arbeitgeber von ihren ursprünglichen Wünschen machen müssen, desto weniger werden sie geneigt sein, Ihren Gehaltsvorstellungen Gehör zu schenken. Um dieser Eventualität zu begegnen, müssen Sie sagen können: »Ich kann Ihnen zwar nicht *das* bieten, aber dafür habe ich etwas anderes für Sie.« Oder wenn Sie allen Wünschen entsprechen: »Ich kann Ihnen dies bieten und außerdem noch *das*.«

Wann der richtige Zeitpunkt dafür gekommen ist, darauf werden wir in Teil 2 zu sprechen kommen. Aber ein zusätzlicher Vorzug sollte Ihre Chancen allemal erhöhen. In manchen Fällen führt ein besonders nützliches Talent eines Bewerbers, das die Bedürfnisse des Arbeitgebers weit überschreitet, sogar dazu, daß dieser auf die Einstellung eines weiteren Mitarbeiters verzichten kann. Und in solch einem Fall sollte es auch eine Selbstverständlichkeit sein, daß ein Teil des damit eingesparten Geldes in Ihre Tasche fließt.

Achten Sie also sorgfältig auf die Bedürfnisse des Arbeitgebers und die Gründe dafür. Dann können Sie noch einen Schritt weiter gehen und sich fragen, mit welchem anderen Talent oder Vorzug Sie sich im Hinblick auf die fragliche Stelle noch beliebter machen können. Mit welchem Leckerbissen Sie dem Arbeitgeber den Mund wäßrig machen können, hängt natürlich von der Arbeit selbst, von der Branche und von Ihrer Berufserfahrung ab. Daher läßt sich hier nicht klar und eindeutig definieren, was *Sie* einem Arbeitgeber bieten könnten. Aber um Sie auf die richtige Fährte zu bringen, möchte ich doch zumindest in groben Zügen andeuten, welche Talente allgemeiner Art von den meisten Arbeitgebern sehr geschätzt werden. In wahlloser Reihenfolge:

- Erfahrung im Marketing, in der Ausbildung und in Finanzfragen
- Geschäftsbeziehungen

- Kenntnisse konkurrierender Unternehmen
- Vertrautheit im Umgang mit Computern
- Sprachkenntnisse
- Vertrautheit oder praktische Erfahrung mit Arbeitsschutz- und Gesundheitsbestimmungen.

Wenn Sie einen besonderen Vorzug an sich entdecken, verschenken Sie ihn nicht, sondern *verkaufen* Sie ihn. Falls Verhandlungen völlig ungewohnt für Sie sind, dann wird natürlich auch die Versuchung groß sein, alle Vorteile einfach gratis aus der Hand zu geben. Diese Neigung zu »impulsiven Konzessionen« entspringt zweifellos einem Gefühl der Anfälligkeit und der Unfähigkeit, die Angstschwelle zu überschreiten. *Mangelndes Selbstvertrauen führt zu Mißerfolgen.* Positive Geisteshaltung und Selbstsicherheit hingegen erzeugen Respekt.

Martin aus der Fallstudie 5 agierte nicht als Bittsteller. Er bot dem Unternehmen seine Sprachkenntnisse an, aber nicht als kostenlose Zugabe für die versprochene Stelle. Seine Botschaft lautete: »Ich kann all Ihre angesprochenen Bedürfnisse erfüllen, aber ich verfüge außerdem noch über ein Talent, das Ihnen bestimmt viel nützen wird. Wenn Sie daran interessiert sind, dann können wir gern über den Preis sprechen.« Zwischen den beiden Haltungen besteht ein Riesenunterschied; rein finanziell belief er sich auf 3.000 DM. Vergessen Sie also nicht, daß ein hoher Seltenheitswert auch Ihre Verhandlungsposition stärkt. Wie lang wird der Käufer warten müssen, ehe solch ein einmaliges Produkt wieder auf den Markt kommt?

Wie man die Konkurrenz ausschaltet

Der Arbeitgeber ist der Käufer, und daher sollte es der Verkäufer als eine Selbstverständlichkeit betrachten, die dominierende Rolle zu übernehmen. Doch in diesem besonderen Markt herrschen traditionsbedingt andere Regeln. Als Arbeitsuchende haben wir uns daran gewöhnt, daß der Arbeitgeber die Sache steuert. Das hat uns dazu bewogen, die Suche nach einer neuen Stelle eher passiv anzugehen, so daß der Arbeitgeber dem Anschein nach alle Trümpfe in der Hand hält. Es ist eine Besonderheit des Stellenmarktes, daß der Käufer seinen Bedarf bekanntgeben muß. Wer sich jedoch als Bewerber auf seine eigentliche Rolle als Verkäufer besinnt und den ersten Schritt macht, der kann sich unter Umständen einen Riesenvorteil verschaffen.

Eine Stellenanzeige ist schließlich nur ein Hilfeschrei, ein Problem, das dringend nach einer Lösung sucht. Und wer auf eine Anzeige antwortet, bietet sich dem Arbeitgeber als Lösung seines Problems an. Wir betreten die Arena und teilen dem Käufer mit: »Hier bin ich – ich kann Ihr Problem lösen.« Leider betreten vielleich neunundneunzig andere Bewerber zur gleichen Zeit die gleiche Arena. Und sie alle deuten auf sich »Hier bin ich, ich, ich!« Der Käufer kann sich von seiner heiklen Seite zeigen und die meisten Bewerber abblitzen lassen. Einige wird er sich genauer ansehen, zögern und schließlich denjenigen nehmen, von dem er sich den höchsten Gegenwert für sein Geld verspricht. Aus der Perspektive des Arbeitsuchenden bleibt damit viel zu viel dem Zufall überlassen, und die Chancen, überhaupt den Verhandlungstisch zu erreichen, stehen eher schlecht. Wie kann man also seine Chancen verbessern?

Man schaltet die Konkurrenz aus! Mit einer eigenen Bewerbung stellen Sie sicher, daß Sie der einzige Verkäufer sind, und erhöhen damit nicht nur die Chance, den Verhandlungstisch zu erreichen, sondern auch Ihre Verhandlungsposition zu stärken. Sie berauben den Käufer seiner »Wahlmöglichkeiten«. Er kann nur entweder Ja oder Nein sagen.

Damit ist natürlich noch nicht garantiert, daß die Verhandlungen um ein höheres Gehalt von Erfolg gekrönt sein werden. Aber die Voraussetzungen dafür haben sich deutlich verbessert. Nutzen Sie die Zeit; handeln Sie, wenn sich der Bedarf des Arbeitgebers bereits abzeichnet, aber noch ehe er etwas dagegen unternimmt und zum Beispiel eine Anzeige aufgibt oder eine Personalvermittlung einschaltet.

Stellenanzeigen erscheinen nicht aus heiterem Himmel. Manchmal kann sich die Unternehmensleitung erst nach monatelangen Klagen der Manager, die nach Verstärkung schreien, und nach endlosem Palaver zwischen Abteilungsleitern und der Personalabteilung zu solchen Maßnahmen durchringen. Sie sind zwar kein Hellseher, aber anhand sorgfältiger Erkundigungen können Sie sich den durch die Unentschlossenheit des Managements entstandenen Zeitvorteil zunutze machen und selbst die Initiative ergreifen, noch bevor sich das Unternehmen auf seinen Handlungsbedarf eingestellt hat. Eine Eigenbewerbung zur rechten Zeit führt fast unweigerlich zur Schaffung einer neuen Stelle für Sie.

Die Vorteile einer Eigenbewerbung

- *Sie schalten die Konkurrenz aus* und damit den wahrscheinlich stärksten Einflußfaktor auf die Stärke Ihrer Verhandlungsposition.
- *Sie zeigen Ihre Eigeninitiative* und sammeln damit Pluspunkte.
- *Durch Ihre Bewerbung spart der Arbeitgeber unter Umständen Zeit und Geld.* Schon die Suche nach einem geeig-

neten Manager der mittleren Führungsebene kann im Normalfall viele tausend Mark verschlingen. Und auch die verborgenen Kosten können enorm sein, wenn die Personalabteilung wochenlang mit den Stellenanzeigen und Bewerbungen beschäftigt ist.

- *Sie setzen sich aller Wahrscheinlichkeit nach mit dem Arbeitgeber in Verbindung, noch ehe er das für den Job erforderliche Persönlichkeitsprofil genau festgelegt hat.* Solange dieser Spielraum offensteht, sind noch sehr wenige Dinge entschieden. Aber sobald die Personalabteilung nach genauen Anweisungen verfahren kann, geht der Spielraum wieder verloren. Alter, Qualifikationen, Berufserfahrung usw. werden dann genau *vorgeschrieben* und Kompromisse nur noch zögernd eingegangen. Und wir haben ja bereits angesprochen, daß man seine Verhandlungsbasis um so mehr schwächt, je mehr Abstriche der Arbeitgeber bei seinen Bedürfnissen machen muß. Daher liegt es in ihrem Interesse, Ihre Arbeitskraft anzubieten, bevor sich die andere Stelle über ihre Bedürfnisse wirklich Klarheit verschafft hat. Solange die Nische in der Zeit noch offensteht, wird man eher geneigt sein, Ihnen die Stelle auf den Leib zu schneidern. Wichtiger noch, Sie nehmen den Kontakt auf, noch ehe der Arbeitgeber eine Entscheidung zur Gehaltshöhe getroffen hat. Und Gehaltsverhandlungen machen am meisten Spaß, wenn die andere Seite den Vorschlägen offen gegenübersteht.

Denk-Zettel

- Machen Sie sich klar, was Sie zu bieten haben.
- Verkaufen Sie, bevor Sie verhandeln.
- Verkaufen Sie Erfolge und keine Fehlschläge.
- Legen Sie sich Ihre besonderen Verkaufsargumente zurecht.
- Bringen Sie Ihre Begeisterung für die Stelle zum Ausdruck. Nur so erreichen Sie den Verhandlungstisch.
- Verschaffen Sie sich Klarheit über die Bedürfnisse des Arbeitgebers.
- Leiten Sie durch ein Schreiben nach dem Bewerbungsgespräch die Verhandlungen in die Wege.
- Überlegen Sie sich weitere Vorzüge, die Sie verkaufen – aber keinesfalls verschenken – sollten.
- Schalten Sie die Konkurrenz aus.

4. Übung zur Überprüfung der eigenen Fähigkeiten

Unsere Fähigkeiten entwickeln sich aus unserer Erfahrung. *Leistungen* wiederum ergeben sich aus der Anwendung unserer Fähigkeiten. Sie sind das *Beweismaterial*, das wir dem potentiellen Arbeitgeber vorlegen können. Um sich Klarheit über die eigenen Fähigkeiten zu verschaffen, sollten Sie Ihre vorangegangenen Jobs noch einmal Revue passieren lassen. Stellen Sie die richtigen Fragen, und formulieren Sie so viele *konkrete Aussagen* zu Ihren Fähigkeiten wie möglich. Aus dieser Liste von Aussagen stellen Sie dann ein endgültiges »Menü« besonderer Fähigkeiten zusammen, die Sie einem Arbeitgeber offerieren können.

Für effektive Aussagen gibt es zwei Hauptkriterien: Fähigkeit und Erfahrung. Folgende Beispiele lassen sich denken:

Fähigkeit	*Erfahrung*
Beratung	von Vertretern zu Verkaufsquoten/-zielen
Vorführung	neuer Produkte bei Einzelhändlern
Vertrieb	von Verkaufsliteratur an Kunden

Noch wirkungsvollere Aussagen umfassen drei Elemente: Fähigkeit, Erfahrung und Leistung. Zum Beispiel:

Fähigkeit	*Erfahrung*	*Leistung*
Motivierung	des Vertreterstabs	zur Verkaufssteigerung

Einen weiteren Effektivitätszuwachs bringt die *Quantifizierung* der Leistung. Zum Beispiel:

Fähigkeit	*Erfahrung*	*Leistung/ Quantifizierung*
Motivierung	des Vertreterstabs	zu einer dreißigprozentigen Verkaufssteigerung pro Jahr

Erfahrung fällt in der Regel in eine oder mehrere der folgenden Kategorien: Verbalisierung, Analyse, Organisation, Vorführung, Management und Kreativität. Diese Fähigkeiten lassen sich schematisch als Tätigkeiten darstellen:

Verbalisierung	..............>	*Gesprochen mit*
Analyse	..............>	*Herausgefunden*
Organisation	..............>	*Geordnet*
Vorführung	..............>	*Gezeigt wie*
Management	..............>	*Aufbau/Leitung*
Kreativität	..............>	*Verbessert*

Jede der folgenden Übungen zur Überprüfung der eigenen Fähigkeiten steht unter der Überschrift einer Erfahrung, zum Beispiel »Gesprochen mit«. In der linken Spalte schreiben Sie auf, mit wem Sie im Laufe dieser Erfahrung gesprochen haben. Die Erfahrung selbst schreiben Sie in die mittlere Spalte, und zwar unter dem Begriff, der die von Ihnen ausgeübte Aufgabe am genauesten beschreibt. In der rechten Spalte unter »Um was zu erreichen?« notieren Sie, was Sie mit Ihrer Tätigkeit erreicht haben. Zum Beispiel:

Verbale Erfahrung

Gesprochen mit

Wem/Was?	Beschreibung der Fähigkeit	Um was zu erreichen?
Vertreter	Ansprechen Beratung Kontrolle Koordination	zu Ergebnissen der Marktforschung
Kunden/ Einzelhändler	Empfehlung Vorführung Anweisung Anregung Anleitung Unterweisung	neuer Produkte
Öffentlichkeit	Befragung	zur Ermittlung der Kundenbedürfnisse

Diese Beispiele ergeben folgende Aussagen zu eigenen Fähigkeiten:

- Beratung des Vertreterstabs zu Ergebnissen der Marktforschung
- Vorführung neuer Produkte gegenüber Kunden/Einzelhändlern
- Befragung der Öffentlichkeit zur Ermittlung der Kundenbedürfnisse

Gehen Sie anhand dieser Methode alle Übungen durch, und formulieren Sie dabei *möglichst viele* Aussagen über ihre Fähigkeiten. (Zerbrechen Sie sich nicht den Kopf wegen Wiederholungen – einige Fähigkeiten überschneiden sich zwangsläufig mit anderen.)

Verbale Erfahrung

Gesprochen mit Wem/Was?	Beschreibung der Fähigkeit	Um was zu erreichen?
	Anleitung	
	Anordnung	
	Anregung	
	Ansprechen	
	Anweisung	
	Anwerbung	
	Ausführung	
	Befragung	
	Beratung	
	Beschaffung	
	Darstellung	
	Einarbeitung	
	Empfehlung	
	Förderung	
	Führung	
	Kontrolle	
	Koordination	
	Lösung	
	Marketing	
	Motivierung	
	Repräsentation	
	Schulung	
	Übersetzung	
	Überzeugen	
	Unterweisung	
	Verhandlung	
	Vermittlung	
	Vorführung	
	Vorschlag	

Analytische Erfahrung

Herausgefunden

Wen/Was?	Beschreibung der Fähigkeit	Um was zu erreichen?
	Analyse	
	Befragung	
	Bewertung	
	Definition	
	Einschätzung	
	Entwurf	
	Erfinden	
	Erforschung	
	Ermittlung	
	Etablierung	
	Interpretation	
	Klassifizierung	
	Prognose	
	Testen	
	Untersuchung	
	Vergleich	
	Verifizierung	
	Zurückverfolgung	

Organisatorische Erfahrung

Geordnet

Wen/Was?	Beschreibung der Fähigkeit	Um was zu erreichen?
	Arrangement	
	Aufschlüsselung	
	Bearbeitung	
	Bewertung	
	Budgetaufstellung	
	Definition	
	Einschätzung	
	Eliminierung	

Enthüllung
Ermittlung
Etablierung
Handhabung
Klassifizierung
Kontrolle
Konzipierung
Koordination
Leitung
Lösung
Modernisierung
Nachforschung
Neuentwurf
Neuorganisation
Organisation
Planung
Produktion
Rationalisierung
Reduzierung
Revision
Senkung
Überprüfung
Umwandlung
Untersuchung
Verarbeitung
Verbesserung
Vereinfachung
Verfeinerung
Vergleich
Verifizierung
Verteilung
Vorbereitung
Zeitliche Einteilung
Zusammenstellung

Vorführungserfahrung

Gezeigt wie

Wem/Was?	Beschreibung der Fähigkeit	Um was zu erreichen?
	Anweisung	
	Ausführung	
	Beratung	
	Darstellung	
	Einarbeitung	
	Führung	
	Leitung	
	Repräsentation	
	Schulung	
	Unterrichtung	
	Unterweisung	
	Veranschaulichung	
	Vorführung	

- -

Managementerfahrung

Aufbau/Leitung

Wen/Was?	Beschreibung der Fähigkeit	Um was zu erreichen?
	Anweisung	
	Aus der Taufe heben	
	Beginn	
	Einführung	
	Einsetzung	
	Entwicklung	
	Entwurf	
	Erfinden	
	Eröffnung	
	Ersinnen	
	Erzeugung	
	Etablierung	

Förderung
Führung
Genehmigung
Gründung
Initiierung
Kontrolle
Konzipierung
Koordination
Leitung
Management
Pionierarbeit
Planung
Produktion
Repräsentation
Schaffung
Umsetzung
Verwaltung
Vorbereitung

Kreative Erfahrung

Verbessert

Wen/Was?	Beschreibung der Fähigkeit	Um was zu erreichen?
	Aufbau	
	Bearbeitung	
	Beschneidung	
	Eliminierung	
	Enthüllung	
	Entwicklung	
	Erweiterung	
	Horizonterweiterung	
	Innovation	
	Kombination	
	Konsolidierung	
	Konstruktion	
	Konzipierung	
	Kürzung	
	Lösung	

Modernisierung
Neuentwurf
Neuorganisation
Rationalisierung
Reduzierung
Revision
Senkung
Sparen
Stärkung
Steigerung
Umformung
Umstrukturierung
Umwandlung
Verbesserung
Verdoppelung
Vereinfachung
Vereinigung
Verfeinerung
Verringerung
Vertiefung
Wartung

Wenn Sie diese Übung im Hinblick auf jede Ihrer früheren Stellen durchlaufen haben, erhalten Sie eine Liste mit Aussagen, die Ihre Fähigkeiten, Erfahrungen und Leistungen beschreiben. Machen Sie die gleiche Übung noch einmal, aber diesmal im Hinblick auf Ihre Erfahrungen außerhalb des Arbeitsplatzes. Denken Sie dabei an Bereiche wie gesellschaftliche, sportliche, kulturelle oder andere Freizeitaktivitäten. Dadurch können Sie jene Fähigkeiten ausmachen, die mit Ihren bereits ermittelten Talenten in Einklang stehen. Darüber hinaus lassen sich mit diesem Vorgehen unter Umständen *übertragbare Fähigkeiten* ausfindig machen. Der Beleg solcher Fähigkeiten kann Ihnen möglicherweise als erfolgreiches Argument gegen den in Kapitel 3 angesprochenen Einwand mangelnder Erfahrung dienen.

Teil 2
Von der Theorie zur Praxis

5. Der Auftakt der Verhandlungen

Geld ist wie ein sechster Sinn, ohne den man die anderen
fünf nicht richtig beherrscht.

W. Somerset Maugham

Klärung der Zielsetzung

Wann fangen also die Verhandlungen an? Als Verkäufer kann
man nicht mit Bestimmtheit voraussagen, wann der Käufer
auf den Preis zu sprechen kommen wird. Aber eines steht in
jedem Fall fest: *Sie sollten nicht in Verhandlungen eintreten,
bevor es unbedingt nötig ist.* Wenn Sie das Puzzle richtig zu-
sammengesetzt haben, dann kennen Sie den Gesprächsführer, die Dauer des Treffens und dessen Ziel. Aufgrund dieses
Wissens sollten Sie voller Selbstvertrauen Ihr eigenes Ziel an-
steuern und sich nicht in vorzeitige Diskussionen zur Gehaltsfrage verwickeln lassen. Grundverkehrt wäre es, wenn
Sie selbst die Initiative ergreifen und die Verhandlungen
eröffnen würden, noch ehe sich der Arbeitgeber definitiv für
Sie entschieden hat. *Sprechen Sie nicht über den Preis, solange
der Verkauf noch nicht abgeschlossen ist.*

Verwechseln Sie nicht Gehaltsverhandlungen mit dem
Vorgeplänkel, das oft zum frühen Stadium der Gespräche
gehört. Wenn Sie sich durch Fragen nach Ihrem derzeitigen
oder erstrebten Gehalt aus der Fassung bringen lassen, dann
finden die weiteren Gespräche sehr wahrscheinlich ohne Sie
statt. Auf keinen Fall liegt es in Ihrem Interesse, die Höhe Ih-

rer derzeitigen oder letzten Bezüge oder Ihre Gehaltsvorstellungen schon zu Beginn der Gespräche offenzulegen. Leider mißverstehen nicht nur die Arbeitssuchenden selbst das Wesen der Beziehung zwischen Arbeitgeber und Arbeitnehmer. Auch die Einstellungsleiter in Unternehmen sehen Arbeitssuchende als Bittsteller. Doch das sollte niemanden überraschen, weil sie ja selbst Arbeitnehmer sind.

Der boße Gedanke, daß der Gesprächsführer eine Auskunft von Stellenbewerbern nach ihrem Gehalt verlangen darf, ist bestenfalls lächerlich. Ebensogut könnte man diese Forderung aber als glatte Unverschämtheit bezeichnen. Und doch werden Arbeitssuchende immer wieder aufgefordert, die Höhe ihres aktuellen Gehalts anzugeben. Und in manchen Bewerbungsformularen soll der Arbeitssuchende gleich die ganze Geschichte seiner Gehaltsentwicklung skizzieren. Erschwerend kommt hinzu, daß viele Arbeitgeber ihre Absichten im Hinblick auf das Gehalt nicht verraten. Anzeigen, in denen das Gehalt als »attraktiv« oder »leistungsgerecht« bezeichnet wird, sind zumindest in diesem Punkt nichtssagend. Wenn die Rede von »einer der Position entsprechenden Dotierung« ist, dann möchte man damit wohl Bewerber anlocken, die von der überragenden Bedeutung der Position ausgehen. Und von ausschließlich auf Provisionsbasis beruhender Bezahlung sollte ohnehin jeder die Finger lassen, der nicht das Talent besitzt, Eiswürfel an Eskimos zu verkaufen.

Allerdings darf man daraus nicht den voreiligen Schluß ziehen, daß sich alle Arbeitgeber bei Ihren Angaben zum Gehalt und zusätzlichen Leistungen nur deshalb bedeckt halten, weil sie sich einen Verhandlungsvorteil verschaffen wollen. Die Gründe können durchaus begreiflich sein:

- Sie möchten ihre Konkurrenten nicht wissen lassen, an welche Gehaltshöhe sie denken;

- sie wollen nicht, daß andere Mitarbeiter des Unternehmens davon Wind bekommen;
- sie haben vielleicht selbst keine genaue Vorstellung davon, was für ein Gehalt Bewerber mit den geforderten Fähigkeiten verlangen können.

Andererseits geht es dem Arbeitgeber vielleicht wirklich nur um einen Verhandlungsvorteil. Als Bewerber können Sie sich hier keine rasche Klarheit verschaffen, und deshalb sollten Sie lieber auf Sicherheit setzen und das Schlimmste annehmen. Die Regel heißt hier schlicht und ergreifend: *Wenn die andere Seite keine Angaben über die Höhe der Gesamtvergütung macht, dann sollten auch Sie weder die Höhe Ihrer aktuellen, noch Ihrer vergangenen und Ihrer angestrebten Bezüge preisgeben.* Wenn Sie diesen Rat nicht befolgen, dann gehen Sie folgende Risiken ein:

- *Der Arbeitgeber erkennt, daß Ihre derzeitigen oder letzten Bezüge den Rahmen seiner Möglichkeiten sprengen.* Sie wären zwar vielleicht mit einer Einbuße einverstanden (vgl. jedoch Fallstudie 1!), aber der Arbeitgeber geht vom Gegenteil aus. Deshalb betrachtet er es vielleicht als eine Verschwendung seiner und Ihrer Zeit, Sie überhaupt zu einem Gespräch einzuladen. Manche Arbeitgeber stellen aus verständlichen Gründen auch nicht gerne Mitarbeiter ein, die in dem neuen Arbeitsverhältnis weniger verdienen als zuvor. Möglicherweise werden solche Bewerber als unsichere Kantonisten angesehen, die nicht die rechte Begeisterung für die neue Stelle aufbringen, weil sie sie ohnehin nur als kurzfristige Überbrückung verstehen.
- *Der Arbeigeber erkennt, daß Ihre derzeitigen oder letzten Bezüge weit unter seinen Erwartungen liegen.* In diesem Fall erreichen Sie zwar vielleicht den Verhandlungstisch, aber Sie haben Ihre Verhandlungsposition bereits ent-

scheidend geschwächt. Wenn das Gehalt überhaupt zur Verhandlung steht, dann wird sehr wahrscheinlich die Höhe Ihrer gegenwärtigen Bezüge als Ausgangspunkt dienen (oder sogar auch noch ein geringerer Betrag, wenn die andere Seite besonders sparsam ist und Ihre Position als schwach einschätzt).

Denken Sie also immer daran, daß die zwischen Ihnen und Ihrem aktuellen Arbeitgeber bzw. Ihren früheren Arbeitgebern vereinbarte finanzielle Vergütung eine vertrauliche Angelegenheit ist. Genaugenommen geht das niemanden sonst etwas an, und man sollte solche Informationen nicht so ohne weiteres an einen Dritten weitergeben. Es ist durchaus möglich, daß Ihr derzeitiger oder früherer Arbeitgeber es gar nicht so gerne sieht, wenn Sie solche Dinge ausplaudern. In dieser Frage sollten Sie sich also unbedingt reserviert zeigen. Und falls man Ihnen nur deswegen keinen Gesprächstermin einräumt, dann sollten Sie es sich ohnehin zweimal überlegen, ob Sie für ein solches Unternehmen arbeiten wollen. Wenn Sie ein Bewerbungsformular ausfüllen müssen, dann setzen Sie einfach einen Strich in Rubriken, in denen Sie sich zu Ihrem Gehalt äußern sollen. Wenn nach Ihren Gehaltsvorstellungen gefragt wird, dann schreiben Sie einfach: »Gegenstand der Gespräche« oder »Nach Vereinbarung« – eine besonders treffende Erwiderung, wenn davon im Stellenangebot bereits die Rede war. Was der Arbeitgeberseite recht ist, das kann für Sie nur billig sein. Aber so verlockend es auch scheinen mag, die Antwort »attraktiv« ist nicht unbedingt zu empfehlen.

Es sollte als Selbstverständlichkeit gelten, daß Auskünfte über Ihre Bezüge in einem Bewerbungsschreiben keinen Platz haben; die besten Produkte tragen kein Preisschild.

Mit wem sprechen Sie?

Sie haben natürlich herausgefunden, mit wem Sie das Vergnügen haben werden. Aber haben Sie auch herausgefunden, über welche *Macht* der Betreffende verfügt? Kann er »Ja« sagen oder nur »Nein«? Ist er befugt, über die Höhe des Gehalts zu verhandeln? In welcher Beziehung steht er zu anderen Personen im Unternehmen, mit denen Sie vielleicht in einem späteren Stadium sprechen werden? Der Hintergrund der Verhandlungen spielt eine ebenso bedeutsame Rolle wie die Verhandlungen selbst, weil er sich auf Ihre Taktik und Strategie auswirkt und damit auch über das Endresultat bestimmt.

Fallstudie 6

Iris hatte sich um die Stelle einer Assistentin des Haupteinkäufers für einen mittelgroßen Modehändler beworben. Der weitere Verlauf war denkbar einfach geregelt. Der Haupteinkäufer führte das Eingangsgespräch selbst und erstellte dann eine Liste mit Kandidaten der engeren Wahl. Diese trafen in einer abschließenden Unterredung mit dem Haupteinkäufer und dem Geschäftsführer zusammen. Das Unternehmen hatte sich über die Vergütung ausgeschwiegen, und auch Iris hatte keine Auskünfte über ihr aktuelles Gehalt und ihre Verdienstvorstellungen erteilt. Beim ersten Treffen mit dem Haupteinkäufer verlief das Gespräch in etwa folgendermaßen:

Haupteinkäufer: Was für ein Gehalt hatten Sie sich ungefähr vorgestellt?

Iris: So circa 65.000 Mark.

Haupteinkäufer: Also, ich glaube, wir haben da schon noch ein wenig Luft nach oben.

Iris: Aha, und wieviel sollte ich dann nach Ihrer Meinung verlangen?

Haupteinkäufer: Naja, ich weiß nur, daß der Geschäftsführer ein Gehalt von 75.000 Mark oder mehr erwartet. Aber darauf können wir ja beim nächsten Gespräch noch näher eingehen.

Das zweite Gespräch mit dem Haupteinkäufer und dem Geschäftsführer verlief wie folgt:

Geschäftsführer: Wir schlagen Ihnen ein Gehalt von 75.000 Mark plus Firmenauto und beitragsfreie Betriebsrente vor. Wären Sie damit einverstanden?

Iris: Ja.

Iris erhielt das schriftliche Angebot und nahm die Stelle zum vereinbarten Tarif an. Als sie später mit dem Haupteinkäufer über ihre Bewerbung sprach, fragte sie ihn, weshalb er sich in der Gehaltsfrage so entgegenkommend gezeigt hatte. Ihm kam es darauf an, daß seine Assistentin annähernd so viel verdiente wie er. Er wollte nämlich in wenigen Monaten seinerseits mit dem Geschäftsführer eine Gehaltserhöhung aushandeln, und dazu brauchte er das Argument, daß seine Assistentin fast genausoviel verdiente wie er. Er wußte ganz genau, daß der Geschäftsführer Iris keinen Pfennig mehr bezahlt hätte, wenn sie sich mit 65.000 Mark zufriedengegeben hätte.

Die Lehren aus Fallstudie 6

* *Nicht immer müssen Sie um ein höheres Gehalt am Verhandlungstisch kämpfen* – aber verlassen können Sie sich darauf natürlich nicht.

- *Die Beziehung zwischen Bewerber und Gesprächsführer und, vielleicht noch wichtiger, zwischen den Gesprächsführern selbst können den Ausgang der Verhandlungen entscheidend beeinflussen.*
- *Nur selten steht das eigene Geld des Gesprächsführers zur Verhandlung.* Damit sind Sie im Vorteil, auch wenn sich manche Gesprächsführer gebärden, als müßten sie Ihr Gehalt aus ihrer eigenen Tasche bestreiten. Natürlich gibt es immer einige, die Sie möglichst billig engagieren möchten, um selbst ein paar Pluspunkte zu sammeln.
- *Dieses Beispiel stellt eine echte Rarität dar. In neunundneunzig von hundert Fällen hätte man sich mit Iris auf ihr Eröffnungsangebot geeinigt.* Wenn sich doch noch alles zum Besten fügte, dann war das eher auf ihr Glück und weniger auf ihr Verhandlungsgeschick zurückzuführen. Sie ließ sich zu einem Eröffnungsangebot drängen – ein unverzeihlicher und in der Regel nicht wiedergutzumachender Fehler.
- *Reagieren Sie positiv auf verbale Zeichen, die Bereitschaft zum »Kauf« oder zu Verhandlungen signalisieren.* Beim ersten Treffen sagte der Haupteinkäufer: »...darauf können wir ja beim nächsten Gespräch noch näher eingehen.« Damit hatte er Iris unmißverständlich zu verstehen gegeben, daß man sie zu einem nächsten Gespräch bitten würde. Iris hatte damit den Zuschlag (zumindest für das nächste Treffen) sicher und hätte sich gar nicht mehr weiter bemühen müssen. Weitere Versuche, sich in ein gutes Licht zu stellen, hätten den Haupteinkäufer womöglich sogar zu einem Sinneswandel veranlaßt. Viele Arbeitsuchende hatten das Jobangebot schon nach einer halben Stunde in der Tasche, übersahen jedoch die Signale, die den »Kaufentschluß« des Gesprächsführers andeuteten. Sie redeten weiter, und gaben damit dem Gesprächsführer

Gelegenheit, seine Entscheidung zu revidieren. Beim zweiten Gespräch fragte der Geschäftsführer, ob Iris mit dem vorgeschlagenen Gehalt einverstanden sei. Ihre Antwort hätte nicht »Ja«, sondern »Nein« lauten müssen. Aus der Formulierung ließ sich nämlich unzweideutig entnehmen, daß noch Spielraum für Verhandlungen vorhanden war. Mit einer gründlicheren Vorbereitung und einem positiven Selbstwertgefühl hätte Iris durchaus ein noch höheres Gehalt herausschlagen können.

Die Rolle des Gesprächsführers

Es wäre alles andere als hilfreich, wollte man strikte und unumstößliche Regeln zum Vorstellungsgespräch aufstellen. Jedes Treffen verläuft anders. Falls sie jedoch erkennen können, daß das Einstellungsverfahren zwei Gesprächsebenen umfaßt, dann läßt sich das Ganze in folgendem Diagramm abbilden:

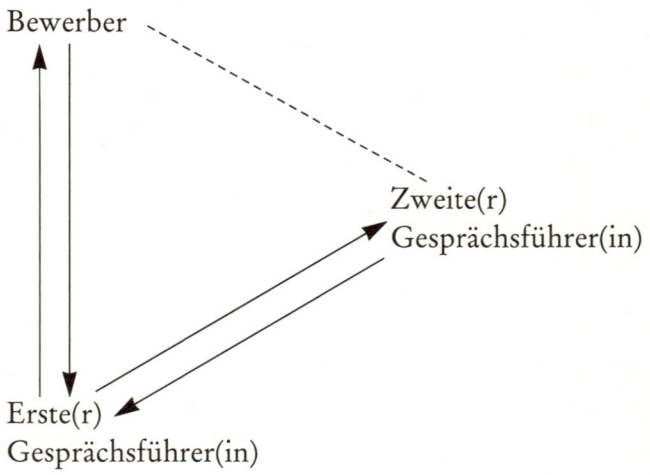

Selbstverständlich findet beim ersten Gespräch ein Dialog zwischen Ihnen und Ihrem Gesprächspartner statt. Dieser wiederum steht mit dem oder den zweiten Gesprächsführern im Dialog, der aber erst geführt wird, wenn Sie die Szenerie verlassen haben. Die gestrichelte Linie verweist auf den Umstand, daß Sie beim ersten Treffen zumindest mit einer Person nicht in Kontakt treten, die beim zweiten Gespräch in Erscheinung treten wird. Von wem gehen in dieser Konstellation die eigentlichen Entscheidungen aus? Da ja nicht alle Bewerber, die zu einem ersten Gespräch gebeten werden, auch beim zweiten noch mit von der Partie sind, darf man unterstellen, daß der erste Gesprächsführer zumindest über negative Entscheidungsgewalt verfügt. Er ist nicht befugt, Ihnen die Stelle anzubieten (auch wenn er bei der letztlichen Entscheidung vielleicht ein Mitspracherecht hat), aber er verfügt natürlich über die nötige Autorität, um Sie vom nächsten Stadium des Einstellungsverfahrens auszuschließen.

Während des ersten Gesprächs darf es Ihnen also nicht darum gehen, das Stellenangebot zu erhalten oder ein höheres Gehalt auszuhandeln. Ihr Interesse hat *ausschließlich* der Einladung zum zweiten Treffen zu gelten. In Verkennung ihres eigenen Interesses bringen sich viele Bewerber um ihre Chancen. Aus einem oder beiden der folgenden Gründe gelangen sie nicht über das erste Stadium hinaus:

- Voreilige und impulsive Entscheidungen des Bewerbers.
- Fehlende Rückendeckung. Der Bewerber kann den Gesprächsführer nicht davon überzeugen, daß er für die Stelle geeignet ist.

Beide Punkte wollen wir uns im folgenden genauer ansehen.

Vorschnelle und impulsive Entscheidungen

Niemand wird einem einen Vorwurf daraus machen, wenn man sich mitunter um eine Stelle bewirbt, die sich in der Folge als die *falsche* erweist. Eine Arbeit kann aus vielen Gründen die falsche sein, ohne daß jemanden eine Schuld daran trifft. Natürlich kann es auch sein, daß der Arbeitgeber in einer Anzeige irreführende Angaben macht oder daß eine dritte Seite wie zum Beispiel eine Agentur die Bedürfnisse des Arbeitgebers mißverstanden hat. Sehr oft kommen wir nicht vor dem ersten Gespräch zu dieser Erkenntnis. Doch es gilt in jedem Fall zu bedenken, daß man unter dem Druck eines Einstellungsgesprächs oft gar nicht klar genug denken kann, um solch ein Urteil wirklich *abschließend* fällen zu können.

Bewerbungsgespräche können – vorsichtig formuliert – völlig unvorhergesehene Wendungen nehmen. Häufig kommen Punkte zur Sprache, die sich im ersten Augenblick zu schier unüberwindbaren Hindernissen auftürmen, sich jedoch nach dem Treffen einfach in Wohlgefallen auflösen. Solche Punkte können überfallartig auf Sie einstürmen, und dann müssen Sie sich Ihrer Haut zu wehren wissen, weil Sie sonst vorzeitig ausscheiden. Fallstudie 7 dient als warnendes Beispiel.

Fallstudie 7

Paul hatte sich um eine Stelle beworben, die sich beim ersten Gespräch in vieler Hinsicht als sehr passend für ihn erwies. Das Treffen nahm einen beiderseits zufriedenstellenden Verlauf, bis der Gesprächsführer urplötzlich zur Attacke blies: »Es liegt durchaus im Rahmen des Möglichen, daß das Unternehmen innerhalb der nächsten zwei Jahre umzieht. Falls es so weit käme, würde Sie das vor Probleme stellen?« Paul überlegte sich blitzartig alle Gründe, die eindeutig gegen einen Umzug sprachen: die Arbeit seiner Frau, die Schulausbildung seiner Kinder und nicht zuletzt die Tatsache, daß sie sich in ihrer derzeitigen Umgebung sehr wohl fühlten.

Diese negativen Gedanken äußerten sich deutlich sichtbar und hörbar: »Ein Umzug kommt für mich überhaupt nicht in Frage.« Damit war das Gespräch so gut wie gelaufen, und beide Seiten kamen zu dem Schluß, daß weitere Unterredungen überflüssig waren. Dieses Gespräch fand vor fünf Jahren statt, und das betreffende Unternehmen befindet sich immer noch an Ort und Stelle. Paul fand bald eine andere Stelle, aber eine schlechtere. Ironie des Schicksals: Seine jetzige Firma zieht gegenwärtig um.

Fallstudie 7 zeigt drei entscheidende Punkte auf

- *Hüten Sie sich vor »Eintagsfliegen«.* Gemeint sind Fragen, die vorübergehend zum Lieblingsthema in einem Unternehmen hochgespielt werden. Eine kurze Zeit sorgen sie für heftige Debatten und verschwinden dann einfach wieder in der Versenkung. Solch eine Eintagsfliege kann oft sogar bis in ein Bewerbungsgespräch vordringen und dort eine Bedeutung annehmen, die sie in Wirklichkeit gar nicht besitzt. In die Kategorie hochgespielter Lieblingsthemen gehören zum Beispiel Fusionen, Übernahmen, Aktienoptionen, Versetzungen, Überstunden... Die Liste ließe sich beliebig fortsetzen, und nicht alle dieser Probleme lösen sich einfach in Luft auf. Aber die meisten schon.
- *Sollte sich bei einem Gespräch eine Eintagsfliege hervorwagen, dann werden Sie sie nicht unbedingt gleich als sol-*

che erkennen. Nehmen Sie die Nachricht dennoch erst einmal gelassen auf. Mit einer positiveren Reaktion hätte Paul seine Chancen wahren können: »Für die richtige Arbeit im richtigen Unternehmen wäre ein Umzug kein Problem.« Er hätte vielleicht das schriftliche Angebot erhalten und Gehaltsverhandlungen geführt. Nachdem so ein weiterer Monat verstrichen wäre, hätte sich das Umzugsgerücht vielleicht schon von selbst erledigt. Erst *dann* hätte er eine Entscheidung treffen müssen. Um sicherzugehen, hätte er sich zu diesem Zeitpunkt noch einmal bei dem Unternehmen erkundigen können, ob der Umzug immer noch zur Debatte stehe, und sich dementsprechend entscheiden können. Durch seine übereilte Reaktion wurde ihm die Entscheidung aus der Hand genommen. *Ihre Entscheidung für oder gegen eine Stelle muß erst dann fallen, wenn man Sie Ihnen angeboten hat.*

- *Sie »verkaufen« auch Ihr Engagement.* Als beliebtes Mittel zur Überprüfung Ihres Engagements für das Unternehmen und die Stellen dienen oft irgendwelche Scheinprobleme, mit denen man Sie aus der Reserve locken will.

Wenn Sie von Natur aus ungeduldig und impulsiv sind, vertreten Sie vielleicht die Auffassung, daß Sie auf manche Fragen möglichst rasch eine Antwort brauchen, weil Sie weder Ihre Zeit noch die des Arbeitgebers verschwenden wollen. Oberflächlich betrachtet mag das logisch klingen, aber diese Anschauung läßt sich mit drei sehr guten Argumenten in Frage stellen:

- Kein Gespräch ist eine Zeitverschwendung, auch wenn Sie bereits wissen, daß Sie den Job keinesfalls annehmen werden. Jedes Treffen sollte als Teil eines Lernprozesses begriffen werden. Jede zusätzliche Erfahrung als »Verkäufer« kann Ihnen nur nützlich sein. Schulen Sie also Ihre Gesprächstechnik in Situationen, in denen es nicht auf den Ausgang ankommt – verwenden Sie solche Treffen als Probe für den Ernstfall.

- Ein Extremfall einer vorschnellen und impulsiven Entscheidung liegt dann vor, wenn ein Bewerber die Einladung zu einem Vorstellungsgespräch ausschlägt, weil er »nicht mehr an dem Job interessiert« ist. Solch eine Handlungsweise ist lächerlich. Es gibt zahllose Beispiele für Bewerber, die in einer ähnlichen Situation der Einladung dennoch gefolgt sind, trotz geheimer Vorbehalte eine gute Figur machten *und dann ein besseres Angebot erhielten.* Es ist keinesfalls ungewöhnlich, daß bei dem Treffen auf einmal nicht mehr von der Stelle die Rede ist, für die Sie sich beworben haben, sondern von einem ganz anderen Job. Dem Arbeitgeber wird unter Umständen recht schnell klar, daß Sie für die ausgeschriebene Stelle überqualifiziert sind. Aber wenn Sie Ihre Begeisterung für die Arbeit in diesem Unternehmen zeigen, wird man vielleicht alle Hebel in Gang setzen, um Ihre Fähigkeiten für eine besser bezahlte Aufgabe zu nutzen. Und wie wollen Sie je herausfinden, welche anderen Bedürfnisse der Arbeitgeber vielleicht noch hat, wenn Sie nicht einmal die Energie aufbringen, der Einladung zu folgen? Halten Sie immer Ausschau nach potentiellen Gelegenheiten, und ergreifen Sie diese beim Schopf.

- Auch wenn Sie bereits wissen, daß Sie die Stelle keinesfalls annehmen *und* für das betreffende Unternehmen bestimmt nicht arbeiten wollen, gehen Sie trotzdem zu dem Vorstellungsgespräch. Weshalb? Weil Sie damit unter Umständen eine unverhoffte Chance erhalten, mit anderen Unternehmen ins Gespräch zu kommen. Jedes Treffen bietet die Gelegenheit, Kontakte zu knüpfen. Sie schließen eine neue Bekanntschaft, und auch wenn Sie nicht mit dem Unternehmen und das Unternehmen nicht mit Ihnen zusammenarbeiten wollen, erhalten Sie vielleicht doch Informationen, durch die sich neue Möglichkeiten auftun. Erfahren können Sie das jedoch nur, wenn Sie zum Gesprächstermin erscheinen.

Fehlende Rückendeckung

Ein Gesprächsführer ist um seine Aufgabe nicht zu beneiden. Die Einstellung von Personal ist alles andere als eine exakte Wissenschaft, und nicht jeder Verhandlungsführer, mit dem man es als Bewerber zu tun bekommt, besitzt genügend Sachverstand für die Auswahl geeigneter Kandidaten. Ein Einstellungsgespräch verlangt berufliche Fähigkeiten – nicht nur die des Bewerbers, sondern auch die des Gesprächsführers. Er möchte aus den gleichen Gründen keine Fehler machen wie jeder andere auch. Letztlich muß auch der Gesprächsführer an seinen Job denken. Und wenn er die richtigen Entscheidungen trifft, dann wird er ihn aller Wahrscheinlichkeit nach auch behalten. Mit falschen Entscheidungen dagegen läuft er Gefahr, seinen Arbeitsplatz zu verlieren. So einfach sind die Zusammenhänge, und es wäre unangebracht, mehr dahinter zu vermuten.

Ihnen fällt in diesem Rahmen die Aufgabe zu, den Gesprächsführer zur richtigen Entscheidung zu ermuntern und Sie für das nächste Treffen zu berücksichtigen. Zu diesem Zweck liefern Sie ihm geeignete *Beweise* dafür, daß Sie die geeignete Person für die Position sind. Teil 1 dieses Buches erläutert, woraus dieses Beweismaterial besteht. Sie haben reichlich Munition zusammengetragen, und jetzt müssen Sie auch schießen.

In vielen Fällen steht der erste Gesprächsführer gegenüber dem zweiten in der Verantwortung. Sollte der erste Gesprächsführer Ihre Bewerbung unterstützen, dann darf man unterstellen, daß er seine Entscheidung auch *rechtfertigen* muß. Tatsächlich muß er die nächsthöhere Instanz von Ihrer Eignung überzeugen. Und davon wird er bestimmt die Finger lassen, wenn Sie ihm nicht die nötige Rückendeckung geben. Sie müssen ihm glaubhaft machen, daß Sie ihn beim nächsten Gespräch nicht im Stich lassen werden. Fallstudie 7 dient hier als anschauliches Beispiel. Pauls Einstellung in der Umzugsfrage trug offensichtlich nicht gerade zur Beruhigung seines ersten Gesprächspartners bei. Deshalb empfahl er ihn auch nicht für ein zweites Gespräch.

Sollte die Frage eines möglichen Umzugs angesprochen werden, reagieren Sie vielleicht gelassen, sind aber womöglich versucht, die Frage nach der Erstattung der Umzugskosten zu stellen. Auch dies wäre ein Fehler. Beim ersten und auch bei einem Großteil des zweiten Gesprächs müssen Sie dem Gegenüber etwas anbieten, ihm etwas verkaufen. Eine übermäßige Betonung der Vorteile, die für Sie aus einer Zusammenarbeit entstehen könnten, wäre zu diesem Zeitpunkt noch verfrüht und daher fehl am Platze.

Denk-Zettel

- Diskutieren Sie nie über den Preis, bevor Sie nicht den Kauf abgeschlossen haben.
- Geben Sie nie vor dem Bewerbungsgespräch die Höhe Ihres Gehalts oder Ihrer Gehaltsvorstellungen preis.
- Ermitteln Sie den Entscheidungsträger.
- Lassen Sie sich nicht zur Eröffnung der Verhandlungen drängen.
- Reagieren Sie positiv auf Zeichen, die »Kauf« oder »Verhandlung« signalisieren.
- Sie müssen keine Entscheidung treffen, solange Sie nicht das schriftliche Stellenangebot in Händen halten.
- Hüten Sie sich vor Eintagsfliegen.
- Lehnen Sie keine Einladung zu einem Gespräch ab.
- Geben Sie dem ersten Gesprächsführer die nötige Rückendeckung.

6. Beurteilung des Gleichgewichts der Macht

Eine erfolgversprechende Ausgangsposition

Teil 1 des Buches betont, wie entscheidend es ist, mit einer positiven Geisteshaltung in die Gespräche und die Verhandlungen zu gehen. Nur die Haltung bestimmt über das Gleichgewicht der Macht und sonst nichts, nicht einmal die realen Gegebenheiten der Situation. Vielleicht sind Sie schon längere Zeit ohne Arbeit. Vielleicht suchen Sie verzweifelt und fast um jeden Preis nach einer Stelle. Wenn Sie die Stärke aufbringen, um eine positive Haltung zu zeigen, können Sie trotzdem einen guten Vertrag für sich selbst und das Unternehmen aushandeln. Wenn Sie daran glauben, daß die Macht in Ihren Händen liegt, *dann liegt Sie auch in Ihren Händen.* Und wenn Sie sie auf seiten des Arbeitgebers wähnen, *dann liegt sie auch dort.*

Aber verwechseln Sie nicht Stärke mit *Dominanz.* Es wäre töricht, eine schwache Ausgangsposition durch übertriebene Verve oder Aggressivität wettmachen zu wollen. Die Schlüssel zum Erfolg bieten entschiedene und sichere Antworten auf spezifische Fragen, Antworten, aus denen der Gesprächsführer einen ziemlich genauen Eindruck über Ihr Selbstbild und Ihre Verhandlungsstärke gewinnen kann. Bevor wir uns jedoch einigen Beispielen zuwenden, bedarf es noch einiger klärender Worte. Ein Vorstellungsgespräch ist kein Verhör. Aber zweifelsohne wird es sich als solches entpuppen, wenn man es so weit kommen läßt. Die wenigsten Gesprächsführer entsprechen dem Vorurteil eines verschlagenen, abgefeimten und feindseligen Menschen, der den Bewerber nur hereinlegen oder ihm das Fell über die Ohren ziehen will. Einem Gesprächsführer geht es nur um die Frage, ob Sie für die Arbeit geeignet und zu welchem Preis sie zu haben sind. Er weiß vielleicht selbst nicht immer, weshalb er bestimmte Fragen stellt, aber ganz unabhängig von seiner Absicht setzen Sie selbst mit Ihren Antworten die positiven oder negativen Zeichen. Und darauf wird er sein Urteil stützen.

Welchen Stellenwert hat Geld wirklich für Sie?

Zunächst ein kurzer Rückblick auf Fallstudie 2. Reiner wurde mit der Frage konfrontiert, wie wichtig ihm Geld sei. Er faßte die Frage falsch auf und ließ sich zu einer verfrühten Diskussion über sein Gehalt verleiten. Außerdem weckte er mit seiner Antwort, Geld sei für ihn nur »ziemlich wichtig« und »nicht allein ausschlaggebend«, den Eindruck von Unbekümmertheit in Geldfragen. Als ernstzunehmender Gesprächspartner für etwaige spätere Gehaltsverhandlungen (zu denen es dann freilich ohnehin nicht mehr kam) hatte er sich damit bereits disqualifiziert.

Aber wie hätte er die Frage denn beantworten sollen? Vielleicht hätte es ihm mehr geholfen, das Wort Geld weniger auf sich zu beziehen. Meinte der Gesprächsführer mit seiner Frage wirklich Reiners potentielles Gehalt? Warum hat er dann nicht einfach nach der Wichtigkeit des Gehalts gefragt? Reiner hätte hier einen wesentlich günstigeren Eindruck hinterlassen, wenn er statt dem Gehalt über Gewinne gesprochen hätte. Er hätte zum Beispiel erwidern können: »Geld ist natürlich enorm wichtig. Ein Unternehmen kann nur überleben, wenn es Gewinne erzielt. Meiner Ansicht nach sollten sich alle Mitarbeiter über die große Bedeutung von Kostenwirksamkeit und Gewinnen im klaren sein.« Solch eine Antwort hätte wohl kaum zu einer Erörterung der Gehaltsfrage geführt. Darüber hinaus hätte Reiner seinem Gesprächspartner damit gezeigt, daß er das Thema Geld nicht scheute und sich bei späteren Verhandlungen kaum so leicht über den Tisch ziehen lassen würde.

Aber was wäre geschehen, wenn der Gesprächsführer doch auf die Gehaltsfrage abgezielt hat und Reiner aus der Reserve locken wollte? Es hätte keine Probleme gegeben, wenn Reiner seine Vorzüge bereits ins rechte Licht gerückt hätte. Die Frage nach Ihrer Einstellung zum Geld kann also durchaus den Auftakt der Gehaltsverhandlungen bedeuten. Sie sollten jedoch dem Gesprächsführer keinesfalls erlauben, sich hinter Rätseln zu verschanzen. Er muß seine Karten auf den Tisch legen und deutlich zum Ausdruck bringen, daß das Unternehmen an Ihnen interessiert ist. Erst dann hat es einen Sinn, die Verhandlungen aufzunehmen.

Impulsive Zugeständnisse

Ob und in welchem Umfang Sie bei der Höhe des Gehalts zu Zugeständnissen bereit sind, sollte sich durch Fragen nach Ihren derzeitigen finanziellen Mitteln klären lassen.

Fallstudie 8

Andreas hatte gerade einen Zeitvertrag bei der Armee abgeschlossen, aus dem ihm eine Pension zustand. Er war sich nicht sicher, was für ein Gehalt er im Zivilleben verlangen könnte. Er wurde zu einem Vorstellungsgespräch gebeten, wußte jedoch nicht, welches Gehalt man ihm bieten würde. Schon sehr bald kam das Gespräch auf das Thema:

Gesprächsführer: Beziehen Sie eine Pension?

Andreas: Ja, und damit befinde ich mich in der glücklichen Lage, daß meine Gehaltserwartungen nicht unbedingt so hoch liegen müssen wie die anderer Bewerber. Ich kann mich also mehr auf die Arbeit selbst konzentrieren.

Durch seine Unsicherheit ließ sich Andreas zu einem impulsiven Zugeständnis hinreißen. Damit untergrub er seine Verhandlungsposition, so daß die andere Seite alle Trümpfe in der Hand hielt. Angesichts seiner Unwissenheit ist es vielleicht ganz verständlich, daß er seine Pension als Hebel einsetzte, um seinen Konkurrenten die Stelle vor der Nase wegzuschnappen. Und er erhielt das Angebot auch, aber das Gehalt lag weit niedrier als sein früherer Sold. Das störte ihn jedoch nicht weiter, da er zusammen mit seiner Pension finanziell immer noch ein wenig besser dastand.

Aber man darf den Sinn seiner Taktik bezweifeln. Ohne sein impulsives Zugeständnis hätte er vielleicht ein ganz anderes Angebot erhalten. Ihre zusätzlichen Einkommensquellen gehen wirklich nur Sie etwas an. Damit ist nicht gemeint, daß Andreas diese Ansicht völlig unverblümt zum Ausdruck hätte bringen sollen. Aggressive Reaktionen schwächen die andere Seite nicht, sondern verhärten nur die Fronten. Und wenn die Verhandlungen zu einer offenen Konfrontation führen, dann verlieren beide Seiten. Aber mit impulsiven Zugeständnissen spielt man der anderen Seite in die Hand und schwächt die eigene Ausgangslage. Möglicherweise hätte Andreas seine Pension auch als Verhandlungsargument nutzen können, aber nicht um sich das Angebot zu sichern, sondern um bei späteren Gehaltsverhandlungen notfalls ein wenig Spielraum zu haben.

Wie hätte er also antworten sollen, ohne seine Verhandlungsstärke zu untergraben und die andere Seite vor den Kopf zu stoßen? Zunächst einmal sollten wir uns überlegen, weshalb die Frage überhaupt gestellt wurde. Vielleicht wollte der Gesprächsführer gar nicht die Stärke von Andreas' Verhandlungsposition ergründen. Eher schon könnte eine zusätzliche Einkommensquelle Zweifel an einem Engagement des Bewerbers für die Arbeit wecken. Andreas wäre sicherlich viel besser gefahren, wenn er mit seiner Antwort in eine andere Richtung gezielt hätte: »Ja, aber ich möchte betonen, daß ich eine Arbeit suche, für die ich mich voll engagieren kann. Ich will nicht nur eine bezahlte Stelle, mit der ich meine Pension aufbessern kann.« Diese Antwort zeigt die eigene Bestimmtheit, aber man steuert damit nicht auf Konfrontationskurs. Und wenn die andere Seite Andreas mit der Frage zu einem Zugeständnis verleiten wollte, dann hätte diese Erwiderung ein für allemal klargestellt, daß er gar nicht daran dachte, mit seiner sauer verdienten Pension ein geringeres Gehalt zu subventionieren.

Zu impulsiven Zugeständnissen neigen vor allem jene, die an die rauhe Wirklichkeit von Verhandlungen nicht gewöhnt sind. Sie lassen sich anscheinend von der Vorstellung leiten, daß man sich durch großes Entgegenkommen das Wohlwollen der anderen Seite sichert. Wenn das stimmen würde, dann wären Arbeitssuche und Gehaltsverhandlungen das reinste Kinderspiel. Die Realität sieht leider anders aus. Solche Nachgiebigkeit wird als Zeichen von Schwäche verstanden. In vielen Fällen gräbt man sich damit das eigene Wasser ab.

Geben Sie sich keine Blöße

Auch andere Faktoren wirken sich auf das Gleichgewicht der Macht aus. Von Ihren Mitbewerbern war schon viel die Rede. Aber wie steht es mit anderen Unternehmen, die ebenfalls um Ihre Dienste konkurrieren? Ein wesentlicher Grundpfeiler Ihrer Bewerbungstechnik besteht darin, daß Sie es sich nicht anmerken lassen, falls Sie sich in einer schwachen oder anfälligen Position befinden. In einer solchen Ausgangslage befinden Sie sich tatsächlich, wenn keine anderen Arbeitgeber Interesse an Ihrer Arbeitskraft zeigen. Bei einem Gespräch gilt es also besonders, sich keine Blöße zu geben. Fallstudie 9 zeigt warum.

Fallstudie 9

Hans war seit neun Monaten beschäftigungslos, nachdem seine Stelle einer Rationalisierungsmaßnahme zum Opfer gefallen war. In dieser Zeit führte er mehrere Vorstellungsgespräche und erhielt auch ein Angebot, das er jedoch ablehnte. Als er von einem anderen Unternehmen zu einem Gespräch gebeten wurde, hatte er keine weiteren Eisen mehr im Feuer.

Gesprächsführer: Seit wann sind Sie arbeitslos?
Hans: Seit neun Monaten.
Gesprächsführer: Und was haben Sie in der Zeit gemacht?
Hans: Naja, ich war natürlich auf Arbeitssuche, dafür

braucht man ziemlich viel Zeit. Aber ich habe auch verschiedene dringend nötige Arbeiten am Haus erledigt.

Geschäftsführer: Weshalb haben Sie Ihrer Ansicht nach noch keine Stelle gefunden?

Hans: Auf dem Markt bewegt sich ziemlich wenig, und irgendwie gibt es anscheinend viel zu viele Leute, die um zu wenige Stellen konkurrieren.

Geschäftsführer: Stehen Sie zur Zeit mit anderen Firmen in Verhandlungen?

Hans: Nein, zur Zeit nicht.

Alles in allem gab Hans damit eine ziemlich glanzlose Vorstellung, die förmlich nach Anfälligkeit roch. Der Gesamteindruck, den er mit seinen Antworten hinterließ, hätte negativer nicht sein können. Wenn Hans seinen Gesprächspartner überhaupt von etwas überzeugte, dann von seiner Apathie und seinem Defätismus. Sehen wir uns die Fragen der Reihe nach an.

»Seit wann sind Sie arbeitslos?«

Das Wort »arbeitslos« erhält oft, besonders wenn es ausgesprochen wird, einen anklagenden Ton. Und die Frage selbst klingt fast nach einer Verurteilung. Insgesamt bringt die Frage eine negative Bürde mit sich, auf die Hans sicherlich gerne verzichtet hätte. Sie mag zwar nicht ausdrücklich darauf abzielen, dem Bewerber ein Gefühl seiner Anfälligkeit zu vermitteln. Aber genau diese Wirkung löst sie aus. Hans streckte umgehend die Waffen: Er beantwortete einfach die Frage, ohne sich irgendwelche positiven Anmerkungen dazu zu erlauben. Allein aus diesem Grund war die nächste Frage abzusehen.

»Und was haben Sie in der Zeit gemacht?«

Diese Frage hätte Hans vermeiden können, wenn er schon bei der Beantwortung der ersten darauf eingegangen wäre und erklärt hätte, wie beschäftigt er in den letzten neun Monaten war. Für viele Arbeitgeber ist Arbeitslosigkeit *an sich* noch kein Beinbruch. Doch sie interessieren sich dafür, wie die Betroffenen ihre Zeit nutzen. Und da stößt man natürlich nicht gerade auf großen Anklang, wenn man nur die zeitaufwendige Arbeitssuche und die fälligen Reparaturen am Haus ins Feld führt. Viel besser kommen Sie an, wenn Sie auf eigene Studien, auf eine Umschulung oder freiwillige Arbeit verweisen können. Potentielle Arbeitgeber zeigen sich eher negativ beeindruckt, wenn die Bewerber in einer Phase der Arbeitslosigkeit ihre Fähigkeiten brachliegen lassen und sich nicht fortbilden.

»Weshalb haben Sie Ihrer Ansicht nach noch keine Stelle gefunden?«

Die Schuld auf den Arbeitsmarkt und die Stärke der Konkurrenz zu schieben, ist eine ebenso vorhersehbare wie lahme Replik. Aber die Frage treibt den Bewerber auch ziemlich in die Enge. Er ist gezwungen, sich für seine Arbeitslosigkeit zu entschuldigen. Und Hans macht da leider keine Ausnahme. Dabei bot sich ihm doch die Gelegenheit, auf die erhaltenen Stellenangebote zu verweisen, die nicht seinen Erwartungen entsprachen. Wenn Sie Ihrem Gesprächspartner zu verstehen geben, daß Sie sehr genau abwägen, bevor Sie ein Angebot annehmen, dann ist das ein Zeichen von Stärke und nicht von Schwäche. Hans hingegen erweckte den Eindruck, daß ihm noch niemand eine Stelle angeboten hat, was gar nicht den Tatsachen entsprach. Keine Stelle zu haben, muß noch lange nicht heißen, daß man überhaupt kein Angebot erhalten hat.

»Stehen Sie zur Zeit mit anderen Firmen in Verhandlungen?«

Anders gesagt: »Zeigen andere Käufer ein Interesse an dem, was Sie zu verkaufen haben?« Hans fühlte sich zu einer wahrheitsgemäßen Antwort verpflichtet und verneinte die Frage. Andere würden sich schon allein aus Angst, dem fraglichen Arbeitgeber mit einer anderen Antwort ein mangelndes Interesse an seinem Unternehmen zu signalisieren, zu einem »Nein« gedrängt sehen. Doch alle Vorteile liegen hier bei dem, der diese Frage mit »Ja« beantworten kann. Wenn der Käufer weiß, daß andere potentielle Käufer ihr Interesse an dem gleichen Angebot angemeldet haben, dann kann sich daraus eine gesunde Wettbewerbssituation ergeben. Ihre Verhandlungsstärke wächst, wenn Sie beweisen können, wie gefragt Sie sind. Erkennt der Arbeitgeber jedoch das mangelnde Interesse von dritter Seite, dann wird er zwangsläufig auch die Zweckmäßigkeit seiner eigenen Gespräche mit Ihnen in Frage stellen.

Besonders gute Chancen auf das Erreichen des Verhandlungsstadiums bieten sich Ihnen als Bewerber, wenn Sie Ihrem Gesprächspartner mitteilen können, daß Sie von anderen Unternehmen bereits zu einem zweiten Gespräch gebeten worden sind. So versichern Sie ihrem Gesprächsführer, daß auch er mit einem zweiten Termin keinen Fehler begehen würde. Darüber hinaus lassen Sie ihn damit wissen, daß man sich ganz schön ins Zeug legen muß, wenn man sich Ihrer Dienste versichern will. Mit Ihrer Mitteilung veranlassen Sie den Gesprächsführer vielleicht zu der Frage: »Rechnen Sie mit einem definitiven Angebot einer anderen Firma, noch ehe wir unsere Gespräche abgeschlossen haben?« Damit haben Sie den Vertrag zwar noch nicht in der Tasche, aber Ihre Chancen sind deutlich gestiegen. Nun ist es natürlich so, daß

Sie mit anderen Unternehmen in Verhandlungen stehen oder nicht. Daran läßt sich auch die entscheidende Bedeutung einer planvollen Arbeitssuche ablesen. Wenn Sie jedoch *keine* Gespräche mit anderen Unternehmen führen, dann sind Sie sicher gut beraten, diesen Umstand nicht laut hinauszuposaunen.

Sie sind nicht verpflichtet, Angaben darüber zu machen, mit welchen Unternehmen Sie verhandeln. Wenn Sie mit solchen Auskünften hinter dem Berg halten, stellen Sie Ihre Integrität unter Beweis. Das gilt ganz besonders für den Fall, daß der Arbeitgeber keine Annonce aufgegeben hat, weil er seine Suche nach Arbeitskräften nicht an die große Glocke hängen möchte. Andererseits kann es durchaus in Ihrem Interesse liegen, andere Interessenten beim Namen zu nennen, vor allem, wenn es sich um angesehene und/oder bedeutende Konkurrenten des Unternehmens handelt, mit dem Sie gerade sprechen.

Die Altersfrage

Ihre Verhandlungsstärke hängt nicht davon ab, wie anfällig Sie sich fühlen, sondern *wie anfällig Sie sich zeigen.*

Arbeitssuchende in einem bestimmten Alter, zum Beispiel über fünfzig Jahre, fühlen sich besonders verwundbar, so daß sie es schon als einen nicht mehr zu überbietenden Erfolg betrachten, überhaupt *eine Stelle zu bekommen.* Der Mut zu Gehaltsverhandlungen grenzt für sie schon beinahe an ein Wunder. Die meisten Bewerber haben eine Achillesferse. Unser Angebot enthält fast immer etwas, das wir dem Arbeitgeber tunlichst nicht unter die Nase reiben wollen. Dem liegt die Befürchtung zugrunde, daß bohrende Fragen unsere

Beklemmung verstärken und alle möglichen Sorgen, Zweifel und negativen Gedanken auslösen könnten. Für viele ist diese Achillesferse die Altersfrage. Doch wie soll man sich durchsetzen, wenn genau dieser Punkt bei dem Treffen zur Sprache kommt? Auf diese Frage muß man eine Antwort finden, weil sonst die Chancen auf das Erreichen des Verhandlungsstadiums womöglich drastisch sinken.

Fallstudie 10

Maria war Mitte fünfzig. Sie hatte ein Stellenangebot gelesen, für das sie sich hervorragend eignete. Leider überschritt Sie mit Ihrem Alter den in der Annonce gesteckten Rahmen um einige Jahre. Aber einerseits stand dort auch das Wort »bevorzugt«, und andererseits wußte sie genau, daß sie der Arbeit gewachsen war. Demzufolge entschied sie sich richtigerweise für eine Bewerbung. Die Einladung zu einem Vorstellungsgespräch kam ziemlich überraschend für sie, doch sie erschien zum angegebenen Termin, wenn auch nicht ohne innere Erregung. Das Gespräch verlief in herzlicher Atmosphäre, bis der Gesprächsführer unvermittelt auf ihre Achillesferse stieß.

Gesprächsführer: Sie wissen ja, daß in unserer Anzeige von einer bevorzugten Altersstufe zwischen fünfunddreißig und fünfundvierzig Jahren die Rede war. Sie sind ein wenig älter. Glauben Sie, daß das in irgendeiner Form zu Schwierigkeiten führen könnte?
Maria: Ich sehe darin überhaupt keine Schwierigkeit und, ehrlich gesagt, kann ich auch Ihre Bedenken nicht ganz nachvollziehen.

Die Antwort an sich sprach schon Bände, aber sie erhielt

noch eine zusätzliche Dimension durch Marias Körpersprache. Der Geschäftsführer spürte natürlich, daß er mit seiner Frage an einen wunden Punkt gerührt hatte, und verlegte sich während des folgenden, vielleicht nicht unbedingt hitzigen, aber doch engagierten Wortwechsels auf ein Rückzugsgefecht. Danach unterhielt man sich über weniger delikate Fragen, bis das Treffen in merklich abgekühlter Stimmung zu Ende ging. Maria verließ den Ort des Geschehens mit einem tiefen Gefühl der Zufriedenheit. Denen hatte Sie gründlich ihre Meinung gesagt! Leider blieb das schriftliche Angebot aus, und damit fielen natürlich auch die Gehaltsverhandlungen ins Wasser.

Wichtige Lehren aus Marias Erfahrung

- *Bei strittigen Themen verlieren Sie immer, wenn Sie mit nackter Aggression darauf reagieren.* Es wird immer problematisch, wenn der Gesprächsführer Themen anschneidet, zu denen Sie eine unverrückbare Meinung haben. Die größte Gefahr besteht darin, daß man sich an diesem Thema festbeißt und darüber das eigentliche Ziel (die Gehaltsverhandlungen) aus den Augen verliert. Richtig verhält man sich hier, wenn man ein Gegenmittel oder eine Lösung für das Problem anbietet. Es führt zu nichts, wenn man in Kampfgeheul ausbricht und den Widersacher einfach niederknüppelt. Maria gewann einen Satz, aber sie verlor das Match.

- *Maria vertrat vielleicht den Standpunkt, daß Sie ohnehin nicht für ein Unternehmen arbeiten könnte, das ältere Bewerber benachteiligte. Dieser an sich löbliche Standpunkt hat nur leider einen kleinen Schönheitsfehler.* Nur selten spiegelt ein Vorurteil, dem man während eines Vorstellungsgesprächs begegnet, die Politik des Unternehmens wider. Meistens handelt es sich nur um die bornierten Anschauungen eines Mitarbeiters, der (unglücklicherweise) mit der Aufgabe betraut ist, andere auszusuchen bzw. abzulehnen. Doch an den Ansichten einer Einzelperson sollten Ihre Bemühungen nicht scheitern.

- *Es ist denkbar unwahrscheinlich, daß die Altersfrage für den Gesprächsführer ein Hindernis darstellte.* Schließlich hatte das Unternehmen in seiner Anzeige das Wort »bevorzugt« benutzt, und außerdem stand Marias Geburtsdatum auch in ihrem Lebenslauf. Allein aus der Einladung hätte sie schließen können, daß das Unternehmen darin kein großes Problem sah. Diese Theorie wirft zwei Fragen auf: Wenn man kein großes Problem darin sah, weshalb brachte man es dann in der Anzeige zur Sprache? Und weshalb wurde es dann während des Treffens erwähnt? Arbeitgeber, die per Anzeige nach neuen Mitarbeitern suchen, wollen nicht von einer Flut von Bewerbungen überschwemmt werden. Dies vermeiden sie auf praktische und (für sich selbst) schmerzlose Weise durch eine Einengung des erwünschten Personenprofils. Sie geben strikte Maßstäbe zum Alter, zur Berufserfahrung und zu den Qualifikationen vor, um die Zahl möglicher Antworten in vernünftigen Grenzen zu halten.

Wenn Sie über (oder unter) der Altersgrenze liegen und trotzdem zu einem Gespräch gebeten werden, dann möchte der Gesprächsführer vielleicht wissen, ob *Sie* sich dadurch behindert fühlen. Und das findet er natürlich am einfachsten mit einer direkten Frage heraus. Wenn Sie aggressiv oder verlegen reagieren, dann geben Sie sich damit eine Blöße. Sie zeigen, daß Sie vielleicht durch eigene Anschauungen oder Vorurteile gegenüber dem Alter gehemmt sind. Man kann sehr wohl gleichzeitig Opfer und Verfechter eines Vorurteils sein. Sollte der Gesprächsführer zu dem Schluß gelangen, daß *Sie* im Alter ein Problem sehen, dann wird natürlich auch *er* ein Problem darin erkennen.

- *Denken Sie an die Bedeutung der Rückendeckung für den Gesprächsführer.* Es ist sehr gut möglich, daß der Gesprächsführer die Altersfrage in der Erwartung einer positiven Antwort ansprach, die sich dann als überzeugendes Argument gegenüber der nächsthöheren Instanz verkaufen ließ. Diese positive Antwort blieb ihm Maria jedoch schuldig. Damit fehlte es dem Gesprächsführer am nötigen Material zur Rechtfertigung einer positiven Entscheidung.

Mit welcher Antwort hätte Maria ihrem Gesprächspartner also die notwendigen Argumente an die Hand geben können? Sehen wir uns den Dialog noch einmal an.

Gesprächsführer: Sie wissen ja, daß in unserer Anzeige von einer bevorzugten Altersstufe zwischen fünfunddreißig und fünfundvierzig Jahren die Rede war. Sie sind ein wenig älter. Glauben Sie, daß das in irgendeiner Form zu Schwierigkeiten führen könnte?
Maria: Überhaupt nicht. Ich bin körperlich fit, sehr begeisterungsfähig und habe immer hervorragend mit jüngeren und älteren Kollegen zusammengearbeitet. Ich betrachte mein Alter eher als Vorteil für diese Aufgabe.

Diese Antwort strahlt Selbstachtung, Takt, Engagement und eine positive Geisteshaltung aus. Damit gibt sich Maria keine Blöße und liefert dem Gesprächsführer die Rechtfertigung für eine Empfehlung zu einem zweiten Gespräch. Darüber hinaus ermuntert sie den Gesprächsführer zu der Anschlußfrage: »Inwiefern betrachten Sie Ihr Alter als Vorteil für diese Aufgabe?« Und damit bietet sich Maria die Gelegenheit, weitere Vorzüge ins Feld zu führen und den Alterseinwand zu entkräften.

Das Alter an sich ist nicht das Problem. Die eigentliche Schwierigkeit ergibt sich aus unseren eigenen Vorurteilen und Anschauungen zum Alter. Menschen, die ein bestimmtes Alter überschritten haben, betrachten wir oft als altersschwach und ausgebrannt, ohne Leistungskraft und ohne jegliche Begeisterungsfähigkeit. Doch diese Beschreibung des »vorgerückten« Alters ist einfach lächerlich. Sie müssen bei Ihrer Arbeitssuche darauf achten, die bestehenden Vorurteile nicht zu bestärken. Und am besten schaffen Sie das, wenn Sie dem Vorurteil nicht entsprechen. Was Sie sind, spiegelt sich in Ihrem Aussehen, in Ihrem Auftreten und in dem, was Sie sagen. Wer aussieht, watschelt und schnattert wie eine lahme Ente, der ist auch eine lahme Ente.

Aufdeckung verborgener Einwände

Wenn der Gesprächsführer einen Einwand gegen Ihre mögliche Einstellung vorbringt, dann können Sie diesem wenigstens auf positive Weise begegnen. Aber nicht alle Arbeitgeber haben den Mut, ihren Einwänden Ausdruck zu verleihen, besonders wenn es sich um heikle Fragen handelt. Auch solche verborgenen Einwände können Ihre Chancen erheblich beeinträchtigen. Und es hat überhaupt keinen Zweck, in Gehaltsverhandlungen eintreten zu wollen, ehe nicht alle Bedenken ausgeräumt sind.

Im Endstadium eines Gesprächs sollten Sie Ihrem Gegenüber die Möglichkeit geben, seine latenten Einwände vorzubringen. Dies erreichen Sie mit einer direkten Frage: »Das Gespräch hat mir sehr viel Spaß gemacht und ich würde mich über die Arbeit sehr freuen. Ich glaube auch, daß ich die nötigen Fähigkeiten besitze, aber haben Sie vielleicht noch irgendwelche Vorbehalte?«

So mancher Bewerber wird das wohl für eine gefährliche Frage halten. Es ist ja natürlich und verständlich, wenn man zum Ende kommen möchte, solange alles gut läuft, und sich nicht noch auf Diskussionen strittiger Fragen einlassen will. Und selbstverständlich hängt der Mut zu einer solchen Frage davon ab, ob man es sich zutraut, etwaige Einwände nachhaltig zu entkräften. Je anfälliger man sich also fühlt, desto weniger ist man geneigt, derlei Fragen zu stellen. Aber es gibt zwei gute Gründe, weshalb man dabei nichts zu verlieren hat.

Wenn Sie in Ihrem Gesprächspartner mit Ihrer Frage eine bestimmte Befürchtung hervorrufen, wie zum Beispiel mangelnde Fähigkeiten, Erfahrungen, Qualifikationen, dann bietet sich Ihnen *die letzte Chance zur Verteidigung.* Wenn Sie ihm keine Gelegenheit dazu geben, dann können Sie seine Bedenken nicht zerstreuen, und *der Vorbehalt bleibt.* Haben Sie sich zum Beispiel auf eine vorzeitige Gehaltsdiskussion eingelassen und sich dabei ungeschickt verhalten, dann verübelt Ihnen Ihr Gesprächspartner vielleicht eine überzogene Forderung. Mit einer geeigneten Frage können Sie ihn dazu bewegen, seine Bedenken vorzubringen. Und damit erhalten Sie die Möglichkeit, Ihre Gesprächsbereitschaft in diesem kritischen Punkt zu signalisieren.

Die Frage zwingt den Gesprächsführer nicht zu einer sofortigen Entscheidung. Sie erkundigen sich damit nur, ob er von Ihnen noch weitere Rückendeckung benötigt. In der Regel wird die Antwort in etwa folgendermaßen ausfallen: »Ich kann im Moment noch keine Entscheidung treffen, zumal ich mich auch noch mit anderen Bewerbern treffe, aber grundsätzlich habe ich keine großen Vorbehalte gegen Ihre

Bewerbung.« Natürlich läßt sich diese Äußerung auch so auffassen, daß es *durchaus* einige Bedenken gibt, und Sie würden sich wahrscheinlich keinen Gefallen tun, hier noch weiter nachzuhaken. Wenn der Gesprächsführer jedoch Ihre Eignung positiv beurteilt, dann haben Sie einen psychologischen Vorteil gewonnen, der ihm eine Ablehnung Ihrer Bewerbung erschwert.

Sowohl verborgene als auch offen geäußerte Einwände können dem Arbeitgeber also, wenn man ihnen nicht rechtzeitig begegnet, ein Argument für die Ablehnung oder für eine starre Haltung bei den Verhandlungen liefern. Wer seine Anfälligkeit zu deutlich zeigt und Bedenken nicht wirksam zerstreuen kann, der verändert das Gleichgewicht der Macht zu seinen Ungunsten.

Verteidigung der eigenen Schwachpunkte

Obgleich das Gespräch mehr sein sollte als ein Frage- und Antwort-Programm, hängt die Stärke Ihrer Verhandlungsposition und sogar der Erfolg Ihrer Bewerbung von Ihrer Fähigkeit ab, sich besonders dann gut zu verkaufen bzw. zu verteidigen, wenn Sie Fragen nach Ihren Stärken bzw. Ihren Schwächen zu beantworten haben. Nicht alle Fragen lassen sich problemlos in die eine oder die andere Kategorie einordnen, doch im folgenden wollen wir Beispiele für beide Sorten vorstellen:

Beleuchtung der Stärken:
positives Verhandlungsgeschick

1. Wo liegt Ihre größte Stärke?
2. Was ist Ihre größte Leistung?

3. Erzählen Sie von sich selbst?
4. Weshalb wollen Sie zu uns.
5. Wie würden Sie Erfolg definieren?
6. Was können Sie uns bieten?

Beleuchtung der Schwächen:
defensives Verhandlungsgeschick

1. Wo liegt Ihre größte Schwäche?
2. Was war Ihr größter Fehler?
3. Erzählen Sie von sich selbst.
4. Weshalb haben Sie bei Ihrem derzeitigen Arbeitgeber gekündigt?
5. Haben Sie sich schon mal in einem Job versucht, dem Sie nicht gewachsen waren?
6. Warum haben Sie bisher noch keine Arbeit gefunden?

Für diese Fragen sollten Sie vor jedem Bewerbungsgespräch gerüstet sein. Fragen, die Ihre Stärken beleuchten, kann man folgendermaßen übersetzen: »Sagen Sie mir, weshalb ich kaufen sollte, was Sie zu bieten haben.« Von ihnen geht keine große Gefahr aus, falls Sie *relevante* und *positive* Antworten geben können. Fragen, die Ihre Schwachpunkte in den Blickpunkt stellen, sind sehr viel bedrohlicher. Auch sie lassen sich übersetzen: »Sagen Sie mir, weshalb wir *nicht* miteinander einig werden sollten.« Wenn Sie auf solche negativen Fragen nicht eingestellt sind, dann können Sie gleich zu Hause bleiben.

»Erzählen Sie von sich selbst« erscheint in beiden Kategorien, weil Ihre Antwort eine Stärkung oder eine Schwächung Ihrer Verhandlungsposition bewirken kann. Es hängt ganz davon ab, was Sie daraus machen. Im Grunde genommen ist diese Frage ein Blankoscheck, den erstaunlicherweise nur die wenigsten Bewerber ausfüllen. Normalerweise bringt der Befragte nur ein planloses Gestammel zuwege, das nach fünfzehn Sekunden abbricht. Mit Fragen nach Ihren Schwächen können Sie keinen Blumentopf gewinnen; Sie können nur hoffen, daß Sie möglichst ungeschoren davon kommen.

Die grundlegende Frage nach Schwächen, die viele Bewerber ziemlich ins Schwitzen bringt, lautet natürlich: »Wo liegt Ihre größte Schwäche?« Es ist kaum zu glauben, wie viele Bewerber sich mit einem überflüssigen Eingeständnis das eigene Wasser abgraben. Die eigentliche Ironie der ganzen Sache liegt freilich darin, daß viele Bewerber in dem Bemühen, dem Arbeitgeber entgegenzukommen, eine Schwäche einräumen, *die sie überhaupt nicht haben.* Sie tun dies nicht, um den Gesprächsführer von heikleren Fragen abzulenken, sondern einfach, weil ihnen sonst nichts einfällt. Auch diese Reaktion ist ein Beispiel für eine gedankenlose, reflexartige Antwort, mit der man den Arbeitgeber dazu einlädt, »Nein danke« zu sagen.

Zuviel Gepäck

Es gibt äußere Einflüsse auf das Gleichgewicht der Macht, über die man sich im klaren sein sollte. Oft schleppen wir einfach zuviel »Gepäck« zum Vorstellungsgespräch und erreichen deshalb nicht das Verhandlungsstadium. Diese Bürde kann sich aus verschiedenen Bestandteilen zusammensetzen. Die Bittstellerattitüde, geringe Selbstachtung und geistige Erschöpfung als Folge der Arbeitssuche sind nur drei Punkte. Diese Last wirkt allein schon sehr demotivierend, doch oft wartet beim Vorstellungsgespräch noch mehr Gepäck auf uns.

Der Umstand, daß die Verhandlungen nie auf dem Territorium des Bewerbers stattfinden, beeinflußt das Gleichgewicht der Macht, noch ehe die beiden Seiten die Gespräche eröffnet haben. Die sichtbaren Zeichen des Erfolgs und des Reichtums können eine einschüchternde Wirkung auf den Bewerber haben, der das Territorium des Arbeitgebers betritt. Doch man sollte sich davon nicht blenden lassen. Bekanntlich ist nicht alles Gold, was glänzt. Wozu überhaupt diese Prachtentfaltung? Bestimmt nicht, um den Mitarbeitern ein gutes Gefühl zu geben. Sie wendet sich an *Sie* und möchte besonders jene beeindrucken, die geschäftlich mit dem Unternehmen zu tun haben. Sie ist der Sonntagsstaat des Unternehmens, der Außenstehende anlocken und umgarnen soll.

Gelegentlich wird auch ein Treffen auf »neutralem Boden« vereinbart, zum Beispiel in einem Hotel. Obwohl es dafür meist gute Gründe gibt, sollten Sie sich zumindest die Frage nach dem »Warum« stellen. Vielleicht machen die Büroräume des Unternehmens keinen besonders vorteilhaften Eindruck, oder sie existieren ohnehin nur als Postadresse. Keinesfalls darf man ein Stellenangebot annehmen, ohne den *genauen* Arbeitsplatz gesehen zu haben.

Früher bediente man sich bei Vorstellungsgesprächen gern einer Einschüchterungstaktik. Heutzutage sind solche Techniken aus der Mode geraten, aber ab und an begegnen sie einem noch. Beispielsweise läßt man Sie außergewöhnlich lange warten, oder Sie sitzen in einem etwas niedrigeren Stuhl als Ihre »Folterknechte«, so daß diese über Ihnen zu schweben scheinen. Sie werden ständig (und auf planvolle Weise) unterbrochen. Diese Methode kann Sie, wenn Sie es zulassen, aus dem Gleichgewicht werfen und Ihnen das Gefühl von Anfälligkeit vermitteln. Und wozu das führen kann, haben wir ja bereits gesehen.

Vergessen Sie nie, daß Ihnen niemand die Möglichkeit nehmen kann, Ihr Veto einzulegen. Sie können ein Gespräch jederzeit beenden. Wenn man eine Einschüchterungstaktik gegen Sie verwendet, bleibt Ihnen die Wahl zwischen zwei Alternativen. Sie können das Gespräch beenden oder, wenn Sie die Taktik erkannt haben, das Ganze über sich ergehen lassen, um so herauszufinden, wie gut Sie sich gegen Aggressionen behaupten können. Allerdings wären Sie gut beraten, sich folgende Frage zu stellen: »Was sind das für Leute, die solche Methoden anwenden, um den richtigen Mitarbeiter zu finden, und sollte ich mir für die nicht zu schade sein?«

Allzu leicht bleibt bei einem solchen Gespräch die Selbstachtung des Bewerbers auf der Strecke. Und etwas Schlimmeres könnte Ihnen gar nicht passieren. Verglichen damit ist die Ablehnung einer Bewerbung nur eine Lappalie. Wenn Sie so mit sich umspringen lassen, dann werden Sie es nie vergessen, und das wird sich auch auf Ihr Auftreten bei nachfolgenden Einstellungsgesprächen auswirken. Die Erinnerung an solch eine Erfahrung wird so zu einer weiteren Last, die man mit sich herumschleppen muß.

Sie gehen mit dem Ziel zu einem Treffen, entweder die Einladung zum nächsten Gespräch oder das definitive Stellenangebot zu erhalten. Nichts sollte Sie davon abbringen, *es sei denn*, Sie haben das Gefühl, Ihre Selbstachtung zu verlieren. In diesem Fall können Sie das Angebot ohnehin in den Wind schreiben. Die beste Verteidigung ist hier die Beendigung des Gesprächs.

Einem Bewerber wurde zum Beispiel von einem ganzen Gremium von Inquisitoren besonders hart zugesetzt, so daß er sich dazu entschloß, das Gespräch abzubrechen. Er wandte sich zum Gehen, aber als er die Tür erreicht hatte, sprang ein Mitglied des Gremiums auf und rief: »Ausgezeichnet! Genau so jemanden haben wir uns vorgestellt!« Daraufhin antwortete der Bewerber: »Mag sein, aber *ich* habe es mir nicht so vorgestellt!« Die Anekdote mag nach einer Sage aus der Welt der Arbeitssuche klingen, aber sie unterstreicht auf anschauliche Weise die Bedeutung der Selbstachtung. Ohne sie steht man auf verlorenem Posten.

Lassen Sie sich durch die Möglichkeit solch unfairer Methoden nicht den Schlaf rauben. Nur selten wird eine solche Taktik vorsätzlich angewendet. Man kann sich bei einem Gespräch unwohl, eingeschüchtert und anfällig fühlen, ohne daß auf der anderen Seite eine böse Absicht vorliegt. Langes Warten und ständige Unterbrechungen haben sich schon manche Bewerber gefallen lassen müssen, und letzten Endes zeigt so etwas nur die mangelnde Organisation und Vorbereitung in der betreffenden Abteilung des Unternehmens. Im Grunde genommen kommt es auch gar nicht so sehr darauf an, ob solch ein Vorgehen stabsplanmäßig oder als eine Verwechslungskomödie inszeniert wird. Wichtig ist nur, wie Sie darauf reagieren.

Kann man irgendwelche praktischen Maßnahmen ergreifen, um dieser Gefahr vorzubeugen? Eigentlich handelt es sich nur um eine Frage der *Einstellung*. Wenn Sie sich wehrlos fühlen oder anderen gestatten, Ihnen dieses Gefühl zu geben, dann *sind* Sie auch wehrlos. Ihrem äußeren Erscheinungsbild kommt in diesem Zusammenhang eine Schlüsselbedeutung zu. Ihr Aussehen wirkt sich auf Ihren Erfolg aus. Doch die Subjektivität spielt hier natürlich eine große Rolle. Wer sich zu sehr in Schale wirft, der schadet unter Umständen seiner Sache, weil seine Bekleidung als unangemessen empfunden wird. In jedem Fall sollte man sich jedoch um ein positives Äußeres bemühen. Ein positives Erscheinungsbild wirkt sich auch vorteilhaft auf die eigene Gefühlslage aus. Und je besser die Gefühlslage ist, desto besser wird man sich im Gespräch aller Wahrscheinlichkeit nach halten.

Über das Unternehmensimage ist schon viel gesprochen und geschrieben worden. Solch ein Gesamtbild läßt sich in einigen – besonders amerikanischen – Unternehmen erkennen. Oft kommt es in der Bekleidung der Mitarbeiter zum Ausdruck. Nun werden Sie wahrscheinlich kaum einen Tag vor dem Bewerbungsgespräch vor dem Unternehmensgebäude herumschleichen wollen, um dem Unternehmensimage auf die Spur zu kommen. Aber wenn man beim ersten Treffen in Aussehen und Auftreten bereits einem Mitarbeiter des Unternehmens ähnelt, dann erhöht man natürlich auch seine Chancen, tatsächlich einer zu werden. Selbst solch eine Kleinigkeit kann letztlich den Ausschlag zu Ihren Gunsten geben.

Lassen Sie es sich keinesfalls gefallen, daß man Sie nach dem vereinbarten Termin länger als zwanzig Minuten warten läßt. Zumindest nicht ohne Erklärung. Vorstellungsgespräche sind natürlich dafür bekannt, daß die ausgemachte Zeit überzogen wird. Doch das allein ist ja auch kein Problem, wenn man keinen anderen Termin wahrnehmen muß. Aber es ist unverzeihlich, wenn man Sie ungebührlich lange warten läßt, ohne Ihnen einen Grund dafür zu nennen. Wenn man Ihnen schon vor dem ersten Gespräch mit Gleichgültigkeit begegnet, wie wird man Sie dann erst als Mitarbeiter behandeln?

Ein letzter Punkt. Seien Sie darauf bedacht, *alle* Leute mit Höflichkeit zu behandeln. Kapitel 5 betont, daß man den Entscheidungsträger kennen sollte. Und als der *wirkliche* Entscheidungsträger entpuppt sich fast immer die Person, der es der Bewerber aufgrund seines mangelnden Einblicks in die Unternehmensstruktur am wenigsten zugetraut hätte. So mancher Bewerber ist schon durch hochnäsige Behandlung der Sekretariatskräfte des Arbeitgebers böse ins Fettnäpfchen getreten. Und wenn er sich jetzt beim Vorstellungsgespräch auch noch so gut verkauft, der entscheidende Fehler ist ihm schon beim Empfang unterlaufen.

Es ist gang und gäbe, daß der Gesprächsführer nach Beendigung des Vorstellungsgesprächs andere Leute nach ihrem Eindruck von Ihnen fragt. Sie werden mit Vergnügen Auskunft geben, wenn Sie es hier an der nötigen Höflichkeit haben fehlen lassen. Und sollte sich der Bewerber schlicht ungehobelt benehmen, dann werden die Betroffenen ihrem Ärger auch ungefragt Luft machen.

Der Vermittler

In den meisten Fällen muß man von seiten der Arbeitgeber nicht mit Hinterhältigkeit rechnen. Die Instanz des Vermittlers ist jedoch ein beliebter Trick, mit dem sich das Unternehmen alle Trümpfe sichern kann. In der Regel spielt sich die Sache folgendermaßen ab: Sie treffen sich zu einem ersten Gespräch mit dem Entscheidungsträger, also mit demjenigen, der Ihnen die Stelle anbieten kann. Aller Wahrscheinlichkeit nach handelt es sich also um Ihren zukünftigen Chef. Bei diesem Gespräch wird die Gehaltsfrage mit keinem Wort erörtert. Die Aufmerksamkeit gilt Ihrer Eignung für die Stelle, und der Gesprächsführer ist natürlich bemüht, Ihnen das Unternehmen nahezubringen. Wenn alles gut läuft, dann hat man eine gemeinsame Vertrauensbasis erreicht; Sie sind begeistert von der Arbeit, und der Gesprächsführer zeigt sich sehr interessiert an Ihrer Einstellung. Am Ende des Gesprächs macht er den Vorschlag, daß Sie sich noch mit jemand *anderem* treffen. Der erste Gesprächsführer wird an diesem Treffen nicht teilnehmen. Dieser *andere* ist für Fragen der Vergütung zuständig, zum

Beispiel also der Personalleiter oder der Leiter der Finanz-abteilung.

Hier schlüpft nun der erste Gesprächsführer in seine Rolle als Vermittler. Sie sind jetzt unterwegs von einem Büro zum anderen, und irgendwo auf diesem Marsch stellt er Ihnen die Falle; vielleicht wenn Sie labyrinthartige Gänge durchwandern, vielleicht während der Fahrt im Aufzug oder sogar auf der Toilette (dort sogar besonders gern, aber nicht – zu Ihrer Beruhigung sei's gesagt – im Sitzen). Nach einigen scherzhaften Bemerkungen setzt der erste Gesprächsführer auf einmal eine vertrauenerweckende Miene auf und flüstert im Ton eines Beichtvaters: »Bevor ich Sie dem *anderen* vorstelle, was für eine Vergütung hatten Sie sich eigentlich vorgestellt?« Und wenn Sie Pech haben, erwischt er Sie mit dieser Frage auf dem falschen Fuß. Sie befinden sich sozusagen im Niemandsland und haben bereits Vertrauen zu Ihrem Gesprächspartner gefaßt. Sie möchten zwar eigentlich noch nicht über Ihr Gehalt sprechen, aber Ihr Gegenüber bietet Ihnen seine Hilfe an. Und außerdem wollen Sie Ihren zukünftigen Chef nicht vor den Kopf stoßen. Bevor Sie sich also versehen, haben Sie den Betrag auch schon ausgeplaudert. Daraufhin führt Sie der Vermittler in ein Wartezimmer und verschwindet im Büro des *anderen*.

Wer auf solch einen Hinterhalt nicht gefaßt ist, der merkt im Normalfall auch erst etwas, wenn es längst zu spät ist. Wie läßt sich dieser Bauernfängertechnik der Stachel ziehen? Am besten nehmen Sie den entgeisterten Gesichtsausdruck eines Dorftrottels an, der nicht versteht, worum es geht, und erklären Ihrem Gegenüber, daß Sie in diesem Stadium noch für alle Vorschläge offen sind. Da er Ihnen wohl kaum direkt an den Kragen gehen wird, muß er angesichts dieser entwaffnenden Naivität einfach klein beigeben.

Denk-Zettel

- Wenn Sie daran glauben, daß Sie die Macht in Händen halten, dann liegt Sie auch in Ihren Händen. Wenn Sie sie auf der Gegenseite vermuten, dann liegt sie dort.
- Verwechseln Sie nicht Stärke mit Dominanz.
- Machen Sie keine impulsiven Zugeständnisse, weil Sie noch über eine andere Einkommensquelle verfügen.
- Geben Sie sich keine Blöße.
- Ihre Verhandlungsstärke hängt nicht so sehr davon ab, wie anfällig Sie sich fühlen, sondern wie anfällig Sie sich zeigen.
- Reagieren Sie nicht mit nackter Aggression auf Fragen, die einen wunden Punkt berühren.
- Veranlassen Sie den Arbeitgeber dazu, verborgene Einwände vorzubringen.
- Bereiten Sie sich auf Fragen vor, die Ihre Stärken und Schwächen beleuchten.
- Lassen Sie sich nicht vom Sonntagsstaat des Unternehmens einschüchtern.
- Akzeptieren Sie nie ein Stellenangebot, ohne den genauen Arbeitsplatz zu kennen.
- Sie können immer Ihr Veto einlegen.
- Versuchen Sie, das Unternehmensimage zu erkunden.
- Lassen Sie sich ohne Erklärung keinesfalls eine Wartezeit von mehr als zwanzig Minuten gefallen.
- Begegnen Sie *allen* Leuten mit Höflichkeit.

7. Technik und Taktik der Verhandlung

Sprechen Sie nicht über den Preis, ehe Sie den Verkauf abgeschlossen haben

Am besten beginnen Sie die Gehaltsverhandlungen erst dann, wenn sich der Arbeitgeber für Sie entschieden hat. Schön und gut, aber was ist, wenn der Arbeitgeber das Thema unbedingt vor seiner Entscheidung anschneiden will? Vor dem Gespräch sollten Sie sich auf keinen Fall zu Ihren derzeitigen oder früheren Bezügen äußern. In einer Anzeige ist vielleicht von einem bestimmten Betrag die Rede, von einer »attraktiven Dotierung« oder von einem »Gehalt nach Vereinbarung«. Mit der ersten Angabe können Sie etwas anfangen, mit den anderen beiden so gut wie nichts. Wenn der Arbeitgeber von Ihrem aktuellen Verdienst erfährt, geraten Sie gleich in mehrfacher Hinsicht ins Hintertreffen:

- Wenn Sie einen »Preis« nennen, dann wird dieser wahrscheinlich zum Ausgangspunkt der Verhandlungen.
- Wenn Sie aus Gründen, die in den vorangegangenen Kapiteln erörtert wurden, einen sehr anfälligen Eindruck hinterlassen haben, dann setzt der Arbeitgeber die Verhand-

lungen vielleicht bei einem Punkt weit unter dem von Ihnen benannten Betrag an.

- Sie haben unter Umständen nicht die geringste Ahnung von den Absichten des Arbeitgebers. Das betrifft jedoch nicht nur die Höhe der Vergütung, sondern auch Ihre Chancen, das Verhandlungsstadium überhaupt zu erreichen.

Der letzte Punkt ist wirklich von entscheidender Bedeutung und belegt aufs neue, wie sehr es darauf ankommt, den Entscheidungsträger zu kennen. Man sollte sich dessen bewußt sein, daß der Verfasser der Anzeige am Einstellungsverfahren vielleicht gar nicht aktiv teilnimmt. Nicht alle Gesprächsführer sind *befugt,* Gehaltsverhandlungen zu führen, manche sind zwar dazu beauftragt, aber *nicht bereit,* Gehaltsverhandlungen zu führen. Die Bewerber stellen sich normalerweise bei jedem Gesprächspartner auf Verhandlungen ein und sind oft enttäuscht, wenn die andere Seite keine entsprechenden Anstalten trifft. In fast jeder Verkaufssituation stellen sich Käufer und Verkäufer auf Verhandlungen über den Preis ein, aber auf dem Arbeitsmarkt ist diese Erwartung nicht in jedem Fall angebracht.

Wer in einer Anzeige von einem »Gehalt nach Vereinbarung« liest, der könnte durchaus dem verzeihlichen Irrtum erliegen, daß über das Gehalt verhandelt werden kann. In der Praxis kann dieses Gehalt jedoch alles andere als verhandelbar sein. Auf solche Angaben sollte man also überhaupt nicht bauen.

Damit wären einige der potentiellen Gefahren benannt. Treten Sie also nicht zu früh mit jemandem in Verhandlungen, der ohnehin nicht und erst recht nicht über Ihre hohen Gehaltsvorstellungen verhandeln möchte.

Wieviel verdienen Sie zur Zeit?

Fallstudie 11

Robert war seit einem halben Jahr arbeitslos und hatte nur sehr wenige Bewerbungsgespräche geführt. Für seine letzte Arbeit war er seiner Ansicht nach besonders gut bezahlt worden, und sein mangelnder Erfolg bei der Arbeitssuche veranlaßte ihn zu dem Glauben, er habe völlig überzogene Gehaltsforderungen gestellt. Die wenigen von ihm absolvierten Einstellungsgespräche lieferten allerdings nicht den geringsten Anhaltspunkt für diese Vermutung. Außerdem konnte er den Umstand, nicht zu mehr Gesprächen gebeten worden zu sein, kaum auf sein früheres Gehalt schieben, weil er sich dazu nie geäußert hatte und auch sein früherer Arbeitgeber nicht übermäßig bekannt war.

Robert freute sich natürlich über die Einladung zu einem Gespräch, nachdem er sich auf eine Stellenanzeige beworben hatte. Das Unternehmen hatte zur Höhe des Gehalts keine Angaben gemacht, und Robert hatte sich zu seinem früheren Gehalt ebenfalls ausgeschwiegen. Bei seiner Ankunft tauschte man die üblichen höflichen Bemerkungen aus, aber Robert hatte kaum seinen Mantel abgelegt, als er schon von der ersten Frage überrollt wurde:

Gesprächsführer: Wieviel haben Sie bei der Firma XYZ verdient?
Robert: Ja, also das Grundgehalt lag bei 95.000 DM im Jahr, aber ich bin mir natürlich darüber klar, daß das über dem üblichen Niveau liegt. Ich kann Ihnen in diesem Punkt durchaus ein Stück entgegenkommen, aber ich muß zumindest 75.000 DM verdienen.
Gesprächsführer: Schön, ich denke, wir sollten uns da schon

einig werden, aber darauf können wir ja später noch einmal zurückkommen...

Das Gespräch nahm seinen Verlauf, und Robert wurde zu einem zweiten Treffen gebeten. Man bot ihm die Stelle mit einem Gehalt von 80.000 DM an ohne zusätzliche Leistungen. Er nahm an.

Manch einer wird vielleicht sagen, daß Robert den Verhandlungtisch als Gewinner verließ, weil man ihm ein Gehalt anbot, das um 5.000 DM über seinem unteren Limit lag. Aber es wird sich gleich zeigen, daß es bei Gehaltsverhandlungen keine Gewinner und auch keine Verlierer gibt. Man wird der Situation in keiner Weise gerecht, wenn man von der einen und von der anderen »Seite« spricht. Damit fördert man nur eine Atmosphäre, in der beide Parteien oft von Extrempositionen ausgehen und dann Zugeständnisse machen, um einen Kompromiß zu erreichen. In solchen Positionsverhandlungen prallen meist entgegengesetzte Absichten frontal aufeinander. Aber dabei tritt der »Siegeswille« beider Seiten viel zu sehr in den Vordergrund und verdrängt jeden Wunsch, eine *für beide Parteien vorteilhafte Übereinkunft* zu treffen. In Fallstudie 11 erwies sich die Vereinbarung für keine Seite als vorteilhaft, weil der Gesprächsführer viel zu früh die Gehaltsfrage ins Spiel brachte und weil Robert nicht richtig nachgerechnet hatte. Zum besseren Verständnis wollen wir uns die taktischen Fehler beider Seiten näher ansehen:

Die taktischen Fehler

- *Der Gesprächsführer stellte die Gehaltsfrage zu früh, stellte sie falsch und versäumte es außerdem, zwischen Gehalt und Gesamtvergütung zu unterscheiden.* Es ist ganz natürlich, daß sich der Arbeitgeber für die Höhe des von seinen Vorgängern bezahlten Gehalts interessiert; ob dieses Interesse auch *berechtigt* ist, steht freilich auf einem anderen Blatt. Die Frage muß nicht unbedingt in der Absicht gestellt werden, sich einen Vorteil für spätere Verhandlungen zu verschaffen, sondern um klarzustellen, daß keine der beiden Seiten der anderen die Zeit stiehlt und daß das Angebot des Arbeitgebers nicht deutlich unter dem bisherigen Verdienst des Bewerbers liegt. Ein zu niedriges Angebot könnte auf längere Sicht die Loyalität des Mitarbeiters untergraben und dem Unternehmen viel mehr Kosten verursachen als ein höheres Gehalt. Aus welchen Gründen auch immer die Frage gestellt wird, unser besonderes Augenmerk muß ihren Auswirkungen auf den anschließenden Vertrag gelten.

- *Robert fühlte sich in einer schwachen Ausgangsposition und ließ sich daher von der ersten Frage des Gesprächsführers in Bedrängnis bringen.* Er nannte einen viel zu niedrigen Betrag, der in der Folge als Meßlatte diente. Da der Gesprächsführer nur vom Gehalt und nicht von der Gesamtvergütung gesprochen hatte, gab Robert nur sein Grundgehalt an, worauf der Gesprächsführer jedoch nicht weiter einging. Robert ließ unerwähnt, daß er auch einen Geschäftswagen hatte und zusätzlich noch leistungsbezogene Prämien erhielt. Damit lag sein früherer Gesamtverdienst bei 110.000 DM. Der Gesprächsführer machte sich also ein völlig falsches Bild von dem Umfang der Verdiensteinbuße, die Robert hinnehmen mußte.

- *Obwohl Robert nur einen Teil seiner früheren Vergütung genannt hatte, fühlte er sich immer noch verpflichtet, sich für sein Grundgehalt zu entschuldigen, und verband das mit einer Bemerkung über das »übliche Niveau«.* Hinter dieser Formulierung verbirgt sich ein mysteriöses Phantom, das gelegentlich auftritt und die Arbeitssuchenden schreckt. Aber keiner weiß eigentlich so recht was man darunter zu verstehen hat, und niemand möchte dafür verantwortlich sein. Den Personalvermittlungen jagt der »übliche Tarif« natürlich keine Angst ein. Für sie ist er ein alter Freund, an dem sie besonders die Unbeständigkeit zu schätzen wissen. Für eine Personalagentur bemißt sich der übliche Tarif ausschließlich nach dem, was sie dem Bewerber Ihrer Meinung nach zumuten kann. Lassen Sie sich von dem Geschwätz über das »übliche Niveau« nicht beeindrucken. Es steigt und fällt ohnehin wie Ebbe und Flut.

- *Robert machte ein impulsives Zugeständnis, als er angab, er müsse mindestens 75.000 DM verdienen.* Er teilt dem Gesprächsführer ohne weiteres mit, wo sein unteres Limit liegt. Und in acht von zehn Fällen hätte er sich genau dort wiedergefunden. Der von Robert angegebene Betrag stellte das Minimum dar, was er zur Deckung seines Bedarfs brauchte. Jeder vernünftige Arbeitgeber, dem an der Bindung seines Personals gelegen ist, wird dafür Sorge tragen, daß es für seine Mitarbeiter zu mehr reicht als nur zur bloßen Bedarfsdeckung. Aus diesem Grund bot man Robert wahrscheinlich 80.000 DM. Aber man hatte natürlich keine Ahnung, daß der Abstand zu Roberts früherem Gesamtverdienst damit in Wirklichkeit 30.000 DM beträgt. Eine Einbuße von 15.000 DM dagegen hielt man noch für verkraftbar.

- *Roberts gesamte Strategie stützte sich womöglich völlig zu Unrecht auf die Prämisse, seine frühere Arbeit sei ungewöhnlich gut bezahlt.* Wie dem auch sei, man sollte sich davon unter keinen Umständen die Verhandlungsstrategie diktieren lassen. Wenn sein früheres Unternehmen solch eine Bezahlung für angemessen hielt, dann zog es wahrscheinlich auch selbst einen Nutzen daraus. Der Gegenwert, den man für sein Gehalt bietet, stellt einen zentralen Gesichtspunkt für die Verhandlungen dar. Davon wird im folgenden noch die Rede sein. Im Grunde genommen durfte Robert nur die Höhe seines neuen Angebots (80.000 DM) an der seines früheren Verdienstes (110.000 DM) messen, jeder andere Vergleich wäre irreführend.

Die Fortsetzung dieser traurigen Geschichte ist wahrscheinlich vorhersehbar. Robert stellte fest, daß sich die Aufgaben und Pflichten seiner neuen Stelle annähernd mit denen seines früheren Arbeitsplatzes deckten. Aber weil er sich über das wahre Ausmaß seiner finanziellen Einbuße selbst keine Rechenschaft abgelegt hatte, befand er sich mit einem Mal in einer unhaltbaren Lage. Er mußte sich erneut auf Arbeitssuche begeben und fand auch binnen eines Jahres eine neue Stelle, die zwar auch nicht so gut dotiert war wie seine erste, aber doch um einiges besser als die zweite. Und das Unternehmen mußte ein weiteres kostspieliges Einstellungsverfahren in die Wege leiten. Beide Parteien erhielten damit die Quittung für ihre Verhandlungsfehler. Statt den Vorteil beider Seiten im Auge zu behalten, hatte man einen für beide Seiten nachteiligen Vertrag ausgehandelt.

Man sollte sich vergegenwärtigen, daß in diesem Fall überhaupt keine nennenswerten Verhandlungen geführt wurden. Zwar gelangte man zu einer Einigung, aber Wegbereiter dafür waren nicht Verhandlungen, sondern einseitige *Willfährigkeit*. Weiterhin gilt es zu bedenken, daß man normalerweise nicht erneut über das Gehalt verhandeln kann, nachdem man einem vereinbarten Preis zugestimmt hat. Es hätte überhaupt nichts gebracht, wenn Robert nach nur drei Monaten seinen Arbeitgeber noch einmal angesprochen und ihm zu verstehen gegeben hätte, daß er einen Fehler begangen hat und mit diesem Gehalt nicht auskommen konnte.

Wenn man einen Vertrag abschließt, dann stehen die wechselseitigen Positionen fest. Und wenn Sie sich einen Irrtum geleistet haben, dann hat auch der Arbeitgeber einen Mißgriff getan. Wer jedoch auf solch eine Einsicht hofft, der setzt einfach zuviel Vertrauen in die menschliche Natur.

Körpersprache

Bevor wir uns überlegen, wie sich Robert am besten verhalten hätte, müssen wir zunächst einmal die positiven und negativen Auswirkungen der Körpersprache betrachten. Da Ihre Verhandlungsstärke im Verhältnis zu der von Ihnen gezeigten Anfälligkeit abnimmt, fruchten auch starke Worte voller Selbstvertrauen wenig, wenn Ihr Körper gleichzeitig Ihre *wirkliche* Gemütsverfassung verrät. In diesem Dilemma stecken viele Bewerber, die ihre körperlichen (also sichtbaren) Reaktionen nicht beherrschen können, wenn man ihnen buchstäblich die Preisfrage vorlegt. Manche Fragen wie zum Beispiel:»Wie hoch war Ihr letztes Gehalt?« können zu einem Kurzschluß führen, und die Betroffenen vermitteln den Eindruck, ihre Kommunikation zwischen Gehirn und Körper sei völlig zusammengebrochen. Dadurch gewinnt auch der Begriff »Reflexreaktion« eine zusätzliche Bedeutungsdimension.

Deshalb sollten Sie auch keine Einladung zu einem Vorstellungsgespräch ablehnen und das Verhandlungsstadium möglichst oft erreichen. Man kann nie genug Übung darin bekommen. Der Körper zeigt die bestürzende Tendenz, uns in den unpassendsten Augenblicken im Stich zu lassen. Gefühle, zumindest offen gezeigte, sind am Verhandlungstisch fehl am Platze. Wenn man Sie nach der Höhe Ihres letzten

Gehalts fragt, sollte Ihr Körper keines der folgenden Gefühle verraten:

- Angst – »Ihre Frage erschreckt mich«;
- Aggression – »Ihre Frage ist unverschämt«;
- Verlegenheit – »Ihre Frage ist mir peinlich«;
- Verachtung – »Sie halten mich wohl für blöd«;
- Unverständnis – »Ich bin vom Planet Zargon«.

Solche Gefühle geben Sie preis, wenn Sie:

- hörbar schlucken;
- wegsehen;
- sich nach vorne beugen;
- sich nach hinten lehnen;
- Ihre Hände/Arme bewegen;
- Ihre Körperhaltung verändern.

Das soll nicht heißen, Sie müßten dasitzen und dreinschauen wie ein Ölgötze. Es ist alles eine Frage des Gleichgewichts. Wenn Sie im Laufe eines Gesprächs Ihre Ausgeglichenheit und Gelassenheit bewahren können, dann kann Ihnen nicht viel passieren. Doch Sie dürfen es auch nicht übertreiben. Wer ständig seine Augen abwendet, kann den Eindruck von Anfälligkeit vermitteln. Aber Sie sollten auch nicht in das andere Extrem verfallen. Starren Sie Ihren Gesprächspartner nicht in Grund und Boden, sonst schöpft er vielleicht den Verdacht, es mit einem lebensgefährlichen Irren zu tun zu haben.

Eine andere Antwort

»Wieviel haben Sie bei der Firma XYZ verdient?« Die Beantwortung dieser Frage aus Fallstudie 11 hätte Robert sehr viel wirkungsvoller angehen können, wenn er ihre grundsätzlichen Tücken erkannt hätte. Noch einmal kurz zur Problematik dieser Frage:

- Sie zwang Robert, eine Zahl zu nennen.
- Die Rede war vom Gehalt und nicht von der Gesamtvergütung.
- Sie wurde zu früh gestellt.

Sehen wir uns eine alternative Dialogsequenz an:

Gesprächsführer: Wieviel haben Sie bei der Firma XYZ verdient?

Robert: Vielleicht sollten wir lieber über die Gesamtvergütung reden, da das Grundgehalt allein ziemlich irreführend sein kann. Und würde es Ihnen etwas ausmachen, wenn wir später noch einmal darauf zurückkommen, da es doch wahrscheinlich ein viel besseres Bild ergibt, wenn ich Ihnen erst einmal darlege, was ich dem Unternehmen bieten kann.

Damit hat Robert:

- das Problem auf vernünftige Weise umgangen;
- sein früheres Gehalt nicht preisgegeben;
- dem Gesprächsführer zu verstehen gegeben, daß es vernünftiger ist, über die Gesamtvergütung zu sprechen;
- das Gespräch wieder in unverfänglichere Bahnen gelenkt;
- zum Ausdruck gebracht, daß er nicht hilflos ist und sich nicht so ohne weiteres über den Tisch ziehen läßt;
- den Gesprächsführer dazu ermuntert, ihn zu fragen, was er dem Unternehmen bieten kann.

Mit größter Wahrscheinlichkeit wird der Gesprächsführer antworten: »Ja natürlich, wir können auch später darauf zurückkommen. Und was können Sie uns bieten?« Es versteht sich von selbst, daß Robert bestens auf diese Frage vorbereitet sein muß, nachdem er diesen Köder ja selbst ausgelegt hat.

Selbstverständlich kann man leicht Dialogfragmente formulieren, die dann den Eindruck erwecken, man müsse nur das richtige Stichwort in die Diskussion werfen, um das Gespräch nach seinen Wünschen zu lenken. Doch Menschen sind nicht so berechenbar. Eine andere als die von uns für wahrscheinlich gehaltene Antwort des Gesprächsführers ist durchaus denkbar. Alles hängt davon ab, mit welcher Absicht er die Frage gestellt hat. Zwei Motive kommen in Frage:

- um im Hinblick auf folgende Verhandlungen die Oberhand zu gewinnen;
- um möglichst schnell herauszufinden, ob weitere Gespräche vielleicht eine Zeitverschwendung wären.

Im ersten Fall entspricht der Gesprächsführer dem, was man getrost als den Typ des »Erzwingers« bezeichnen kann. Solch ein Erzwinger vertritt im Normalfall eine feste Position und zeigt keinerlei Bereitschaft zum Ausgleich. Darüber hinaus wähnt er alle Macht auf seiner Seite, weil er den Arbeitssuchenden als Bittsteller betrachtet. Vorstellungsgespräche mit Erzwingern beginnen meist inquisitorisch und werden in diesem Ton auch fortgesetzt, wenn ihnen die Bewerber den Gefallen tun, ihrerseits in die Bittstellerrolle zu schlüpfen. Man beachte, daß Robert in seiner zweiten, vernünftigeren Antwort gegen Ende keine Pause eingelegt hat. Hätte er zwischen »zurückkommen« und »da es doch wahrscheinlich...« gezögert, dann hätte ihn ein Erzwinger an diesem Punkt wahrscheinlich mit den Worten unterbrochen: »Na schön, aber wir wollen ja auch nicht gegenseitig unsere Zeit verschwenden.« Am besten gibt man Erzwingern gar keine Gelegenheit dazu, das Gespräch ständig zu unterbrechen und an sich zu reißen. Wenn Sie also wissen, was Sie sagen wollen, dann sagen Sie es auch.

Der Einwand der Zeitverschwendung kann jedoch auch deshalb vorgebracht werden, weil man es für falsch hält, die Gehaltsfrage allzu lange zurückzustellen. In diesem Fall bekommt man vielleicht eine versöhnlichere Antwort als von einem Erzwinger zu hören: »Wir können natürlich erst später darauf zurückkommen, aber wir wollen Ihnen nicht mit einem langen Gespräch die Zeit stehlen, nur um dann festzustellen, daß wir uns das von Ihnen gewünschte Gehalt gar nicht leisten können.« Auch hier stehen Sie vor der Versuchung, zu kapitulieren und Ihr letztes Gehalt preiszugeben. Das Argument des Gesprächsführers klingt doch vernünftig, oder? Dennoch sollten Sie nicht nachgeben und von Ihrer Seite keine Zahl ins Spiel bringen. Am besten beruhigen *und* überreden Sie ihn gleichzeitig, das erste Angebot zu machen:

»Falls es wirklich so weit kommen sollte, dann werde ich unser Gespräch bestimmt nicht für eine Zeitverschwendung halten – aber wenn Ihnen die Frage auf den Nägeln brennt, dann könnten Sie mir ja vielleicht einen Hinweis darauf geben, welche Gesamtvergütung Sie sich vorgestellt haben. Und ich kann Ihnen sofort sagen, ob sich da eine Schwierigkeit abzeichnet.«

Wenn Sie so argumentieren, dann bleibt Ihrem Gegenüber kaum noch etwas anderes übrig, als die Karten auf den Tisch zu legen. Er wird entweder vage Angaben machen oder offen sprechen, das heißt, ihnen einen groben Schätzwert nennen oder aber auf die Bestandteile der Gesamtvergütung en détail eingehen. In beiden Fällen sollten Sie hier zwei taktische Fehler auf jeden Fall vermeiden:

- Sie könnten sich von Ihrer Neugier hinreißen lassen und Fragen nach den Einzelheiten stellen. In diesem Fall stecken Sie schon mitten in einer Erörterung der Gehaltsfrage, die sich kaum mehr abbrechen läßt. Damit haben Sie Ihr ursprüngliches Ziel aus den Augen verloren, diesen Punkt vorläufig zurückzustellen. Denken Sie daran, daß dieses Gespräch in den ersten Minuten des Treffens stattfindet. Sie hatten noch überhaupt keine Gelegenheit, Ihre Qualitäten ins rechte Licht zu rücken.

- Die genannte Zahl kann Sie so (angenehm oder unangenehm) überraschen, daß Ihre Körpersprache Ihre wahren Gefühle (ob Depression oder Euphorie) verrät. Vergessen Sie nicht, daß Sie unter den anstrengenden Bedingungen eines Vorstellungsgesprächs und vor allem in den ersten Minuten, wenn Sie noch nicht entspannt sind und noch keine Beziehung zum Gesprächsführer hergestellt haben, kaum einen freien Kopf für eine richtige Entscheidung haben. Und denken Sie an die Lektion aus Teil 1: Solange man Ihnen die Stelle nicht angeboten hat, können und müssen Sie keine Entscheidung treffen.

Wenn die genannten Zahlen deutlich unter Ihren Vorstellungen liegen, dann wird Sie vielleicht die heftige Versuchung überkommen, nicht lange um den Brei herumzureden und der Sache ein vorzeitiges Ende zu bereiten; oder aber Ihre Begeisterung nimmt spürbar ab, so daß auch die andere Seite ihr Interesse verliert. Schon viele Bewerber haben sich durch solche Fehler um die Chance auf eine gute Stelle gebracht. Und das ist wirklich jammerschade, denn in diesem Stadium haben Sie den schwierigsten Teil der Arbeitssuche schon hinter sich: *Das Produkt liegt vor dem Käufer.* Noch haben Sie dem Arbeitgeber nicht einmal mitgeteilt, was Sie für ihn tun können; und vielleicht hat er ja noch andere Bedürfnisse, die

Ihnen bisher verborgen geblieben sind? Reagieren Sie negativ, dann werden Sie es nie herausfinden. Natürlich läßt sich niemand gern unterschätzen, und gerade derjenige der sich am wenigsten anfällig fühlt, wird geneigt sein, solch einem Angebot mit Geringschätzung zu begegnen.

Wenn der genannte Betrag Ihre kühnsten Träume übersteigt, dann können Sie ebenfalls mit entsprechenden verbalen oder sichtbaren Hinweisen Ihre Ausgangsposition für die nachfolgenden Verhandlungen ernsthaft schwächen. Tatsächlich kann ein überraschend hohes Angebot Ihrer Bereitschaft, überhaupt zu verhandeln, einen spürbaren Dämpfer versetzen. Mehr davon später.

Wie Sie sich auch angesichts der genannten Beträge fühlen, am besten zeigen Sie sich gelassen und relativ unbeeindruckt (aber nicht völlig teilnahmslos). Vielleicht sollten Sie nicken, Ihrem Gegenüber aufmunternd zulächeln und ihm zu verstehen geben, daß weitere Gespräche für Sie keine Zeitverschwendung sind: »Ja, das hört sich eigentlich nicht unvernünftig an, und ich kann mir nicht vorstellen, daß wir uns da nicht einigen können. Ich für mein Teil würde unser Gespräch gern fortsetzen und Ihnen sagen, was Sie für Ihr Geld bekommen würden.«

Ohne sich etwas zu vergeben und ohne Ihren Gesprächspartner zu brüskieren, lassen Sie damit durchblicken, daß das letzte Wort noch nicht gesprochen ist. Außerdem ermuntern Sie ihn, selbst das Thema zu wechseln und nach Ihren Qualitäten zu fragen. Sie sollten keine Skrupel haben, die Frage nach Ihrem gegenwärtigen Verdienst zu umgehen. Fallstudie 11 führt uns schließlich eindringlich vor Augen, daß eine offene Antwort hier zu einer für beide Seiten nachteiligen Entscheidung führen kann. Im Grunde wahren Sie durch diesen taktischen Schachzug nicht nur Ihre Verhandlungsstärke, sondern Sie verhelfen auch dem Arbeitgeber zu einer richtigen Entscheidung. Und dazu gehört eben auch, daß die richtigen Fragen zur richtigen Zeit gestellt werden.

Einige der oben zu Demonstrationszwecken aufgezeichneten Dialogstücke kommen Ihnen womöglich nur widerstrebend über die Zunge, aber es wäre auch verkehrt, wenn Sie sich dabei zu wohl in Ihrer Haut fühlten. Der schlechteste Rat, den man jemandem für ein Bewerbungsgespräch mitgeben kann, ist wahrscheinlich, daß er sich »ganz natürlich« benehmen soll. Damit soll nicht gesagt sein, daß man seinen Charakter und seine Persönlichkeit um jeden Preis verleugnen soll, aber man sollte sich der Tatsache bewußt sein, daß es sich um ein *geschäftliches* Treffen und nicht um eine Freizeitverabredung handelt. Einen Profiboxer, der außerhalb des Rings ein recht umgänglicher Typ ist, wird sein Trainer wohl kaum auffordern, in den Ring zu klettern und sich ganz natürlich zu benehmen.

Was für ein Gehalt haben Sie sich vorgestellt (und sind Sie es auch wert)?

Auch die besten Pläne können schiefgehen. Sollte der Gesprächsführer partout darauf bestehen, die Gehaltsfrage schon früh ins Spiel zu bringen, dann muß sich das nicht unbedingt nach dem Vorbild von Fallstudie 11 abspielen. Genausogut könnte er einfach fragen: »Was für ein Gehalt haben Sie sich vorgestellt?« Und zu dieser Frage ist er auch berechtigt; sie hat bestimmt nichts Anstößiges. Dennoch gelten auch hier dieselben Regeln: Wer einen genauen Betrag nennt, der bringt sich damit in eine ungünstige Lage, wie die folgende Fallstudie zeigen wird.

Fallstudie 12

Claudia hatte eine gute Stelle, aber sie sah keine Aufstiegsmöglichkeiten mehr für sich. Der Wert ihrer Gesamtvergütung belief sich auf 95.000 DM. Sie wollte ihre Karriere fortsetzen, doch in ihrem Unternehmen standen die Chancen dafür auf absehbare Zeit eher schlecht. Aus diesem Grund hatte Sie sich bei einigen anderen Unternehmen auf eigene Faust beworben. Schließlich wurde sie von einem Unternehmen, das sich allem Anschein nach für ihre Fähigkeiten interessierte, zu einem Gespräch gebeten. Die Einladung wurde in einem kurzen Telefonanruf ausgesprochen, ohne daß sich das Unternehmen eingehender zu seinen Bedürfnissen geäußert hätte. Beide Seiten erwähnten das Thema »Vergütung« mit keinem Wort. Alles in allem befand sich Claudia in einer sehr günstigen Ausgangslage. Sie hatte bereits eine gute Stelle, außerdem gab es keine Mitbewerber, da sie sich ja auf gut Glück beworben hatte. Sie war nicht anfällig, und unter normalen Umständen sollte sie sich bei dem anstehenden Gespräch auch keine Blöße geben. Sie sprach mit dem Geschäftsführer, der auch die Entscheidung über ihre Einstellung treffen mußte. Ihr Gesprächspartner kam ohne Umschweife zum Thema:

Geschäftsführer: Was für ein Gehalt haben Sie sich vorgestellt?

Claudia: Also, ich möchte mich gegenüber meinem bisherigen Verdienst verbessern, das heißt, ich hatte mir etwas in dem Bereich zwischen 95.000 DM und 105.000 DM vorgestellt. Natürlich geht es mir nicht nur darum. In erster Linie suche ich den Karrierefortschritt.

Geschäftsführer: Sind Sie denn die 105.000 DM auch wert?

Claudia: Ja, *ich* denke schon.

Geschäftsführer: Na schön, sagen Sie mir warum.

Zumindest erhielt Claudia durch die letzte Frage Gelegenheit, das Thema zu wechseln und die eigenen Qualitäten ins Gespräch zu bringen. Aber da sie keine Ahnung von den Bedürfnissen des Unternehmens hatte, wußte sie gar nicht so genau, was sie eigentlich ansprechen sollte. Vielleicht verkaufte sie ja nur Belanglosigkeiten – und das alles zu einem Preis von 105.000 DM. Man bot ihr keine Stelle an. Da sie natürlich über die Gründe nichts erfuhr, darf man nicht ohne weiteres unterstellen, daß die Gehaltsfrage für die negative Entscheidung des Unternehmens den Ausschlag gab. Andererseits hat ihr die frühe Erörterung dieses Themas auch bestimmt keine Pluspunkte eingebracht.

Möglicherweise ist Claudia zum Opfer ihrer eigenen *Unverwundbarkeit* geworden. Vielleicht dachte sie sich einfach: »Okay, Sie wollen sofort über den Preis reden, dann bringen wir es eben hinter uns.« Ja, auch Bewerber können in die Erzwingerrolle schlüpfen, und auch wenn dieses Treffen nicht in eine offene Konfrontation mündete, hätte das doch leicht der Fall sein können, wenn der Arbeitgeber dazu aufgelegt gewesen wäre. Ein Bewerber, der vor dem Arbeitgeber eine Zahl in die Debatte wirft, beschwört entweder Mißverständnisse herauf oder räumt dem Arbeitgeber einen Vorteil ein. Er selbst hat *nie* einen Vorteil davon. Gehen wir den Dialog Schritt für Schritt durch, um die taktischen Fehler zu bestimmen:

Die taktischen Fehler

- »*Also, ich möchte mich gegenüber meinem bisherigen Verdienst verbessern.*« An diesem Punkt würde ein Erzwinger sofort mit der Frage nachhaken: »Und wie hoch ist der?« Dann ist es zu spät für die Erklärung, daß man diese Frage lieber später besprechen will. Und diesen Punkt hat man erreicht, sobald man selber die Rede darauf gebracht hat.

- *»Das heißt, ich hatte mir etwas in dem Bereich zwischen 95.000 DM und 105.000 DM vorgestellt.«* Totale Verwirrung. Gebrauchen Sie keine vagen Ausdrücke wie »etwas«. Stellen Sie klar, ob Sie das Gehalt oder die Gesamtvergütung meinen. Der Gesprächsführer hatte vom Gehalt geredet. Er mußte demnach davon ausgehen, daß sich auch Claudia darauf bezog. Die Gesamtvergütung für ihre aktuelle Stelle lag bei 95.000 DM, so daß ihr Grundgehalt vielleicht 85.000 DM ausmachte. Doch niemand konnte es dem Gesprächsführer ankreiden, wenn er annahm, daß sie ein Grundgehalt von 105.000 DM anstrebte. Vielleicht wurde Claudia also durch diese Unachtsamkeit aus dem Rennen geworfen.

- *»Natürlich geht es mir nicht nur darum. In erster Linie suche ich den Karrierefortschritt.«* Eigentlich ist das kein schlechtes Argument, mit dem Claudia zum Ausdruck bringt, daß sie nicht nur nach dem Geld schielt. Aber zu diesem Zeitpunkt ist der Schaden schon geschehen. Wir werden gleich sehen, daß sie ihre Antwort am besten mit dieser Aussage eingeleitet hätte.

Geschäftsführer: Sind Sie denn die 105.000 DM auch wert?
Claudia: Ja, *ich* denke schon.

Die Betonung auf dem »ich« läßt darauf schließen, daß andere vielleicht nicht derselben Meinung sind. Auch das Wort »denken« riecht verdächtig nach Selbstzweifeln. Genaugenommen sind wir eigentlich nur so viel »wert«, wie der Arbeitgeber für unsere Arbeitskraft zu zahlen bereit ist. Aber man sollte keinesfalls Selbstzweifel zu erkennen geben und lieber die Flucht nach vorne antreten, auch wenn man seinen Gesprächspartner damit überrascht. Zum Beispiel: »*Wert* bin ich bestimmt um einiges mehr, aber ich denke eben realistisch und strebe eine Gesamtvergütung an, für die meine Arbeitskraft einen ausgezeichneten Gegenwert darstellt.« Diese Antwort schlägt zwei Fliegen mit einer Klappe:

- Sie lenkt die Aufmerksamkeit zum ersten Mal auf den Begriff Gesamtvergütung und verhindert damit weitere Verwirrung.
- Sie führt den Begriff Gegenwert in die Diskussion ein. Es kann nie schaden, diesen Gedanken im Laufe der Verhandlungen immer wieder zu betonen, besonders wenn sich der Gesprächsführer gegen Ihre Gehaltsvorstellungen sträubt. Durch den Gebrauch des Wortes »Gegenwert« stellen Sie als Verkäufer eine direkte Verbindung zwischen Preis und Leistung her. Es liegt auf der Hand, daß ein Arbeitgeber an zwei seiner Mitarbeiter das gleiche Gehalt bezahlen kann, obwohl der eine mehr Erfolge erzielt. Und dieser eine repräsentiert eben einen *besseren Gegenwert für seine Bezahlung*. Es liegt auf jeden Fall in Ihrem Interesse, den Gesprächsführer auf Ihre Seite zu ziehen. Sie sollten sich möglichst gut und zu einem Preis verkaufen, der für beide Parteien akzeptabel ist. Man wird sich gegen Ihre Verdienstvorstellungen vielleicht weniger sperren, wenn man zu der Ansicht gelangt, daß Ihre Verpflichtung im Vergleich zu der eines schlechter bezahlten Konkurrenten insgesamt immer noch einen Vorteil darstellt.

Natürlich hätte sich Claudia diesen ganzen Umweg erspart, wenn sie die erste Frage geschickter beantwortet hätte. Wie in Fallstudie 11 lauern drei Probleme in dieser Frage:

- Sie drängt Claudia dazu, die Verhandlungen mit einer Zahl zu eröffnen.
- Die Rede ist vom Gehalt und nicht von der Gesamtvergütung.
- Das Thema wird zu früh angeschnitten.

Eine alternative Sequenz:

Geschäftsführer: Was für ein Gehalt haben Sie sich vorgestellt?

Claudia: In erster Linie geht es mir um einen Karrierefortschritt, so daß ich in der Frage der Vergütung im Augenblick noch offen bin. Aber darüber würde ich am liebsten erst später mit Ihnen sprechen. Zunächst einmal wäre es wahrscheinlich nützlicher, wenn wir uns ansehen, was Sie brauchen und was ich für Sie leisten kann.

Man muß sich vergegenwärtigen, daß das Treffen nur im Hinblick auf Claudias Eigenbewerbung zustandegekommen ist. In diesem Stadium weiß sie noch gar nicht, was benötigt wird, und kann daher auch nichts anbieten. Die Bedürfnisse des Arbeitgebers sind noch nicht zur Sprache gekommen, und Claudia muß den Gesprächsführer dazu bewegen, sich dazu zu äußern. Vorher wäre es sinnlos, sich über die eigene Leistungsfähigkeit zu verbreiten oder gar die Verdienstmöglichkeiten auszuloten. Und die oben wiedergegebene Antwortvariante dient genau diesem Zweck. Man sollte den Gesprächsführer wegen seiner Frage nicht gleich verdächtigen. Es ist eher unwahrscheinlich, daß er sich damit einen Verhandlungsvorteil für später verschaffen will. Aber genau dazu führt sie, wenn Claudia eine Zahl nennt. Bei Vorstellungsgesprächen, die auf Betreiben des Bewerbers zustande kommen (also nicht aus einer Stellenanzeige resultieren), fürchtet der Arbeitgeber verständlicherweise, dem Bewerber seine Zeit zu stehlen. Mit der Frage will er sich über diesen Punkt Gewißheit verschaffen. Es kann also durchaus sein, daß die Frage weiterverfolgt wird.

Geschäftsführer: Ich möchte Ihnen keinesfalls die Zeit stehlen. Wir könnten Sie womöglich gut gebrauchen, aber vielleicht übersteigt schon Ihr gegenwärtiges Gehalt unsere Möglichkeiten.

Claudia: Sollte dies der Fall sein, dann werde ich trotzdem nicht das Gefühl haben, meine Zeit verschwendet zu haben. Ich glaube aber, eine Aussage zur Höhe der Vergütung zum jetzigen Zeitpunkt würde uns im weiteren Verlauf der Gespräche nur hemmen.

Auf der Basis dieser Übereinkunft ließe sich das Gespräch wahrscheinlich in freundlicher Atmosphäre fortsetzen. Selbstverständlich möchte der Arbeitgeber auch seine eigene Zeit nicht vergeuden. Wenn sich jedoch die eine Seite schon frühzeitig durch die Nennung eines Preises enttäuscht sieht, dann stehen die weiteren Gespräche unter einem schlechten Stern. Wichtig ist hier auch der Unterschied zu Roberts Antwort in Fallstudie 11. Bei einer ausgeschriebenen Stelle kennt der Gesprächsführer mit ziemlicher Sicherheit die mögliche Obergrenze der Vergütung. Daher beging Robert keinen Fehler, als er in seiner Erwiderung danach fragte. Claudias Fall lag ganz anders. Bei einem Gespräch, das durch eine Eigenbewerbung zustande kommt, stehen die wenigsten Dinge von vornherein fest. Die erforderlichen Fähigkeiten, Erfahrungen, die Art der Arbeit selbst und natürlich auch die Vergütung liegen noch völlig im dunkeln. Mit einer Frage nach den Verdienstmöglichkeiten hätte sich Claudia also bestimmt keinen Gefallen getan.

Sie haben den Verkauf abgeschlossen, was jetzt?

Jedem Versuch von seiten des Arbeitgebers, Sie zur Preisgabe Ihres früheren oder angestrebten Gehalts zu bewegen, sollten Sie also unbedingt widerstehen, vor allem, wenn er sich noch überhaupt keinen Hinweis hat entlocken lassen, wieviel er zu zahlen bereit ist. Die Fallstudien 11 und 12 zeigen, daß sich dieses Problem durchaus lösen läßt. Man muß sein Gegenüber nur darauf aufmerksam machen, daß eine Erörterung dieser Frage in dieser Phase der Gespräche verfrüht wäre, und ihn bitten, später noch einmal darauf zurückzukommen. Aber wenn es schon später *ist*? Wie reagieren Sie dann auf solche Fragen? Jetzt haben Sie keine Entschuldigung mehr. Sie müssen sich ihnen stellen.

Wenn alles gut gelaufen ist, dann haben Sie jetzt eine klarere Vorstellung von den Bedürfnissen des Unternehmens und Ihre Qualitäten ausführlich geschildert, ohne sich dabei eine Blöße zu geben. Außerdem wird das Bild, das man von Ihnen gewonnen hat, nicht getrübt durch die in Ihren bisherigen Bezügen ablesbare Wertschätzung Ihres früheren Arbeitgebers. Man darf es als gutes Zeichen werten, wenn gegen Ende des Gesprächs die Gehaltsfrage angeschnitten wird – unabhängig davon, wie dies geschieht. Wenn der Gesprächsführer nicht nur einfach neugierig ist, kann man darin einen deutlichen Hinweis auf ernsthaftes Interesse finden.

In diesem Fall sehen Sie sich erneut mit den beiden schon bekannten Fragen konfrontiert:

* Wie hoch liegt Ihr derzeitiges/früheres Gehalt?
* Was für ein Gehalt haben Sie sich vorgestellt?

Mittlerweile sollten Sie eine Beziehung zu Ihrem Gesprächspartner hergestellt haben. Beide Seiten müßten sich inzwischen besser aufeinander *und auf die Situation* eingestellt haben. Vielleicht lassen sich jetzt einige Dinge ansprechen, die man vorher besser nicht erwähnt hat. Das heißt nicht, daß Sie sich jetzt wie zu Hause fühlen und nicht mehr auf der Hut sein sollten. So mancher Bewerber ist schon in geschäftsmäßiger Stimmung zu einem Vorstellungsgespräch erschienen und hat es dann wieder verlassen, als hätte er gerade einer Stammtischrunde beigewohnt. Nur die Atmosphäre und der Grundtenor des Gesprächs haben sich inzwischen herausgebildet. Und Ihre Antwort auf die beiden Fragen hängen zu einem wesentlichen Teil davon ab. Beispielsweise könnten Sie sich zu Beginn des Treffens mit Humor in große Schwierigkeiten bringen. Später jedoch retten Sie sich damit unter Umständen sogar aus einer schiefen Situation. Aber Vorsicht! Humor kann sich positiv auswirken, aber auch Gefahren heraufbeschwören. Die Grenze zwischen Lachen und Mißverstehen ist sehr subjektiv.

In diesem Stadium wären komplette und künstliche Dialogfragmente wenig zweckdienlich. Aber immer noch müssen Sie natürlich Ihr Ziel im Auge behalten. Dabei gilt es, zwei wesentliche Dinge zu berücksichtigen.

- Der Arbeitgeber hat sich zur Gesamtvergütung noch nicht geäußert.
- Er hat Ihnen die Stelle noch nicht offeriert.

Auch zu diesem Zeitpunkt müssen Sie sich noch Zurückhaltung auferlegen. Manche Bewerber vertreten vielleicht die Auffassung, daß sie die Dinge spätestens jetzt mit einem ersten »Gebot« ins Rollen bringen sollten. Sie kennen ja als Bewerber Ihr unteres Limit, warum sollten Sie also nicht mit einer etwas höheren Zahl die Verhandlungen in der Erwartung eröffnen, daß Sie der Gesprächsführer herunterhandeln will? Wer in diese Richtung denkt, der sollte vielleicht noch einmal die früheren Fallstudien durchlesen und sich vergegenwärtigen, wie es den Bewerbern ergangen ist, die sich zur Eröffnung der Verhandlungen hinreißen ließen. Wenn Sie einen zu hohen Betrag nennen, dann erhält der Gesprächsführer möglicherweise einen falschen Eindruck von Ihrem noch verbleibenden Spielraum. Daraus ergeben sich für Sie zwei Risiken:

- Vielleicht wird Ihnen die Stelle überhaupt nicht angeboten.
- Vielleicht hegt der Arbeitgeber Zweifel, ob Sie sich langfristig an das Unternehmen binden wollen, wenn man sich mit Ihnen auf ein Gehaltsniveau einigt, das unter Ihrem Eröffnungsangebot liegt. Dabei schneiden Sie in Wirklichkeit vielleicht noch deutlich über dem eigenen Limit ab. Wenn sich noch andere um die Stelle beworben haben, kann dieser Zweifel für den Arbeitgeber Grund genug sein, Sie nicht zuerst zu fragen.

Nennen Sie eine zu niedrige Zahl, so birgt das wiederum zwei Gefahren:

- Man will vielleicht nichts mehr von Ihnen wissen.
- Sie verkaufen sich unter Wert.

In der Beantwortung der zwei Fragen (»Wie hoch liegt Ihr derzeitiges Gehalt?« und »Was für ein Gehalt haben Sie sich vorgestellt?«) können Sie entweder einen Konfrontationskurs oder einen Versöhnungskurs steuern. Zum Beispiel können Sie also Ihren Gesprächspartner mit einer Gegenfrage konfrontieren: »Vielleicht sollten wir lieber von der Gesamtvergütung sprechen, Grundgehälter sind unter Umständen irreführend. Was für eine Gesamtvergütung würden Sie mir bieten?«

Es kommt natürlich auf den Grundtenor des Gespräches an, aber mit dieser forschen Frage schaffen Sie es vielleicht, den Gesprächsführer aus seiner Reserve zu locken. Aber beliebt machen Sie sich mit solch einer Vorgehensweise wohl kaum. Und das ist ein entscheidender Punkt, weil man Ihnen zu diesem Zeitpunkt noch nichts angeboten oder gar versprochen hat. Wenn Sie also auf Konfrontationskurs gehen, gewinnen Sie unter Umständen nur eine Etappe, aber nicht das ganze Rennen. Natürlich gibt es auch eine bessere Lösung. Eine versöhnliche Antwort ist kein Zeichen von Schwäche – ganz im Gegenteil: Wenn jemand zum Angriff bläst, dann sieht sich die andere Seite selbstverständlich zur Verteidigung gezwungen. Man steht sich in festgefahrenen Positionen gegenüber, und eine für beide Parteien vorteilhafte Einigung rückt damit in weite Ferne.

Ihre versöhnliche Antwort sollte aus Einleitung, Mittelteil und Schluß bestehen. Auf den Schluß werden wir sofort zu sprechen kommen, die ersten beiden Teile Ihrer Antwort können Sie aus der folgenden Auflistung von Aussagen nach Ihren Bedürfnissen zusammenstellen.

- Sie sehen die neue Stelle natürlich als Gelegenheit, Ihr Verdienstpotential zu erhöhen.
- Sie haben sich in diesem Stadium noch nicht festgelegt.
- Sie freuen sich noch mehr auf die Stelle, nachdem man Sie Ihnen näher beschrieben hat.
- Sie würden es vorziehen, über die Gesamtvergütung oder die Gesamtleistungen zu sprechen, da jeder Vergleich von Gehältern allein irreführend sein kann.
- Sie können den Umfang Ihres derzeitigen Verdienstes nicht preisgeben, da Ihr Arbeitgeber darin einen Vertrauensbruch erblicken würde.
- Entscheidend ist für Sie, daß man eine für beide Seiten vorteilhafte Einigung erreicht.
- Sie erhalten Leistungen, wie man sie für jemanden mit Ihren Fähigkeiten und Erfahrungen (oder jemandem auf

»Ihrem Niveau«, in »Ihrer Position«) üblicherweise erwarten kann.

- Sie wollen sich natürlich gegenüber Ihrer derzeitigen/früheren Position verbessern.
- Ihre Arbeitskraft stellt einen guten Gegenwert für die Bezahlung dar.

Aus all diesen Möglichkeiten können Sie die Einleitung und den Mittelteil Ihrer Antwort kombinieren. Durch den Schlußteil gelangen Sie dann zu der Kenntnis, ob die von Arbeitgeberseite vorgeschlagene Vergütung noch verhandelt werden kann. Sie beschließen Ihre Antwort also mit der Frage: »Welche Methode verwenden Sie in Ihrem Unternehmen zur Bestimmung der Vergütung?« (Wichtig ist, daß Sie hier nicht danach fragen, wie Ihre Vergütung bestimmt wird.)

Dieser Frage kommt eine große Bedeutung zu, weil in den einzelnen Unternehmen in der Entscheidung über die Höhe der Vergütung die unterschiedlichsten und dehnbarsten Verfahren angewendet werden. Im allgemeinen läßt Ihnen ein höheres Maß an Flexibilität auch größere Freiheiten für Verhandlungen.

Bewertung der Arbeit oder der Person?

In Teil 1 stellten wir die Frage: »Was haben Sie zu verkaufen?« Aber gleichfalls könnte man fragen: »Was kauft die andere Seite?« Sucht der Arbeitgeber nach einer Person für eine genau definierte Rolle, *deren Dotierung vorher schon feststeht?* Oder sucht er nach jemanden, dessen Kombination von Fähigkeiten, Talenten und Fachkompetenz ihn für eine flexiblere Verwendung innerhalb des Unternehmens geeignet erscheinen läßt? Diese beiden Orientierungen schließen einander nicht zwangsläufig aus, da manche Unternehmen die eine Methode als Ergänzung der anderen verstehen und handhaben.

Mit dem ersten Verfahren, der Bewertung des Arbeitsplatzes, bestimmen vor allem große Unternehmen über die Bezahlung ihrer Mitarbeiter. Solche Unternehmen bieten meist feste Arbeitsplätze mit klar umrissenem Zweck, die eine unveränderliche Palette von Fähigkeiten verlangen. Die einzelnen Positionen werden aufgrund ihrer Bedeutung für das Unternehmen und daher auch im Verhältnis zueinander beurteilt. In großen Organisationen ist die Arbeitsbewertung schwerfällig und als Instrument zur Belohnung individueller Leistung oder Fähigkeit nicht übermäßig hilfreich. Allerdings kommen auch diese Unternehmen zusehends von der Arbeitsbewertung *per se* ab, weil der damit verbundene Mangel an Flexibilität dem raschen Wandel des Wirtschaftsgeschehens nicht mehr gerecht werden kann.

In Fallstudie 5 sahen wir, daß Martin ein höheres Gehalt aushandeln konnte, weil er eine Fähigkeit ins Gespräch brachte, für die das Unternehmen noch gar keine Verwendung hatte. Aber da es sich um ein junges, ehrgeiziges Unternehmen handelte, das sich ständig veränderte, war man imstande, flexibel auf Martins Angebot einzugehen. Hätte er sich um eine vergleichbare Arbeit in einer großen, traditionell orientierten Organisation des öffentlichen Dienstes beworben, wäre er wohl kaum auf einen solchen Grad von Flexibilität gestoßen. Man hätte sich wahrscheinlich gesagt: »Wenn wir diese Fähigkeit für diese Stelle nicht brauchen, dann müssen wir sie auch nicht honorieren.« Freilich sollte diese Erwägung niemanden davon abhalten, in ähnlich gelagerten Fällen zumindest einen Verhandlungsvorstoß zu wagen.

Arbeitsbewertung als einziges Mittel zur Festlegung des Gehaltsgefüges paßt eigentlich nicht in den aktuellen Trend der Unternehmensentwicklung. Unternehmen sind heute weniger hierarchisch strukturiert, können sich auf Veränderungen einstellen, arbeiten mehr auf Projektbasis, verlassen sich mehr auf den flexiblen Einsatz der Kenntnisse ihrer Mitarbeiter und honorieren die Leistung des einzelnen. Die Orientierung der Bezahlung an Kompetenz und Leistung des einzelnen sollte für beide Seiten von Vorteil sein, vorausgesetzt, man setzt dieses Instrument vernünftig ein.

Bevor Sie zu einem Vorstellungsgespräch gehen, müssen Sie sich also erst fragen, um was für eine Art von Unternehmen es sich handelt.

- Gehört es dem öffentlichen oder dem privaten Sektor an?
- Ist es groß, mittelgroß oder klein (normalerweise eine Frage der Mitarbeiterzahl)?
- Verfügt es über eine Personalabteilung? Wenn ja, dann wächst auch die Wahrscheinlichkeit, daß irgendein Maßstab der Arbeitsbewertung gilt.
- Wie sieht seine Kultur aus? Darunter versteht man im wesentlichen die Einstellung des Unternehmens zu seinen Mitarbeitern, zur Außenwelt und zu seinen Aufgaben und Zielen. In der Regel dürfte Ihr Wissen in dieser Frage eher begrenzt sein, wenn Sie nicht zufällig jemanden aus dem Unternehmen kennen, der Ihnen Rede und Antwort stehen kann.
- Handelt es sich um ein »schnellebiges« Unternehmen? Muß man rasch auf wechselnde Gegebenheiten des Marktes reagieren? Oder ändert sich die grundlegende Tätigkeit im Lauf der Zeit nur sehr wenig?

Die Antworten auf diese Fragen sollten Ihnen einen deutlichen Hinweis auf die Beweglichkeit in der Gehaltsstruktur des Unternehmens geben. Die Bewertung der Arbeit, wie wir sie geschildert haben, stellt in vieler Hinsicht geradezu eine Antithese zur Gehaltsverhandlung dar. Sie bietet eine brauchbare Plattform für kollektive Tarifverhandlungen mit Gewerkschaftsvertretern und ein überaus nützliches Instrument zur Rechtfertigung von Lohnentscheidungen und zur Kostenkontrolle. Aber für die Honorierung der Leistung des einzelnen oder einer seltenen Fähigkeit bietet dieses Mittel kaum Spielraum.

Die Kräfte des Marktes

Gehälter und Vergünstigungen werden immer mehr zum Gegenstand von Verhandlungen. Der Grund dafür läßt sich in einem Wort ausdrücken: *Wandel.* Im Lauf des vergangenen Jahrzehnts hat sich der Wandel der Arbeitswelt immer stärker beschleunigt. Immer mehr Macht fließt vom Zentrum an den Anbieter. Der wachsende Trend zur Unterteilung eines Unternehmens in eine Reihe von getrennten »Profit Centers« hat dazu geführt, daß die Entscheidungen in Gehaltsfragen nicht mehr in den Händen weniger Leute liegen. Dieser Wandel ist im ganzen Wirtschaftsspektrum spürbar.

In diesem umfassenden Trend bestätigt sich der Befund aus Teil 1, daß ein Bewerber neben seinen Fähigkeiten, Erfahrungen und anderen Qualitäten unter Umständen auch seinen *Seltenheitswert* verkauft. Je größer die Seltenheit auf dem Markt, desto stärker ist auch Ihre Verhandlungsposition. Natürlich wäre es töricht, sich bei seinen Karriereentscheidungen allein von solchen Erwägungen leiten zu lassen. Die Nachfrage in einigen Berufen kann so launisch sein wie das Wetter. Wenn Sie aber über eine Kombination fachlicher

Kompetenzen verfügen, die man nur selten in einem Menschen vereinigt findet, dann stellt das für Sie in jedem Verhandlungsfall einen Vorteil dar.

Geben Sie die Höhe Ihres derzeitigen Gehalts nicht ohne Not preis

Bisher wurde Ihre Taktik von der Vorstellung bestimmt, daß sich die Arbeitgeber, aus welchen Gründen auch immer, in der Frage des gebotenen Gehalts eher bedeckt halten. Das muß natürlich nicht so sein. Es ist durchaus denkbar, daß man überhaupt keine Fragen zu Ihrem derzeitigen oder erstrebten Gehalt stellt. Vielleicht beginnt das Gespräch mit einer detaillierten Beschreibung der Vergütung, an die sich Informationen über das Unternehmen sowie den Arbeitsplatz anschließen. Erst danach kommt Ihre Eignung für die Stelle zur Sprache. Wie sollten Sie sich unter diesen Voraussetzungen verhalten?

Die einzige Gemeinsamkeit mit dem vorherigen Szenario besteht darin, daß Sie noch überhaupt keine Gelegenheit hatten, Ihre Qualitäten darzulegen. Also liegt es weder in Ihrem Interesse noch in dem der anderen Seite, eine Diskussion über die Vergütung anzufangen. Was Sie von der ganzen Sache halten, hängt natürlich davon ab, in welcher Höhe sich die vom Gesprächsführer genannten Zahlen bewegen. Wie schon gesagt, sollten Sie sich Ihre Gefühle jedoch keinesfalls anmerken lassen. Verraten Sie sich nicht durch Körpersignale. Eine Frage dürfte Ihnen in dieser Situation besonders auf den Nägeln brennen: »Ist das Angebot in Stein gemeißelt oder läßt es sich noch verhandeln?« Diese Frage ist natürlich sehr naheliegend.

Im günstigen Fall sieht der Arbeitgeber die Verhandlungsbereitschaft des Bewerbers voraus und läßt dafür in seinem Angebot einen Spielraum. Vielleicht zeigt der Gesprächsführer dies auch. Er könnte zum Beispiel sagen: »Wir dachten an ein Grundgehalt im Bereich zwischen 80.000 DM und 90.000 DM und als Zusatzleistungen an...« Diese Formulierung legt den Schluß nahe, daß man Ihnen ein Grundgehalt von 80.000 DM anbieten wird, wenn Sie nicht verhandeln. Umgekehrt läßt sich daraus natürlich auch schließen, daß man Sie – vorausgesetzt, Sie verhandeln und *können den Arbeitgeber von Ihrem Wert überzeugen* – am oberen Ende des Spektrums ansiedeln wird. Freilich sollten Sie nicht vorschnell davon ausgehen, daß er wirklich bereit ist, bis zur genannten Obergrenze zu gehen.

Andererseits hat man Ihnen vielleicht auch folgendes mitgeteilt: »Das Grundgehalt beträgt 90.000 DM, dazu kommen als Zusatzleistungen noch...« In diesem Fall könnte man vermuten, daß für Verhandlungen, zumindest über das Grundgehalt, kein Spielraum mehr vorhanden ist. Doch all diese Erwägungen sollten Sie nicht von Ihrer Verhandlungsabsicht abbringen. Sie müssen zumindest einen Versuch machen. Denn Sie können nicht unbedingt davon ausgehen, daß Ihnen der Gesprächsführer durch besonders nuancierte Formulierungen einen entscheidenden Wink geben will.

Aber weshalb sollte man ihn nicht einfach *fragen*, ob man darüber verhandeln kann? Muß das ganze Verfahren wirklich so berechnend und umständlich sein? Leider ja, und nicht nur zu Ihrer Sicherheit, sondern auch zum Schutz des Arbeitgebers, da die Entscheidung ja für beide Seiten vorteilhaft sein sollte. Bei einer direkten Frage ergeben sich mehrere Gefahren:

• Auch wenn man Ihnen diese Informationen ganz offen

und freiwillig gegeben hat, Sie hatten immer noch keine Gelegenheit, Ihre Qualitäten darzulegen.

- Sie haben noch keine positive Beziehung zum Gesprächsführer hergestellt. Daher können Sie auch nicht wissen, wie er auf bestimmte Fragen reagiert.
- Sie könnten dem Gesprächsführer mit Ihrer Frage versehentlich zu verstehen geben, daß Sie mit der Höhe des Gehalts für die Stelle und/oder die dafür nötige Arbeitskraft nicht zufrieden sind.
- Vielleicht hat man Ihnen die Stelle noch gar nicht beschrieben, so daß Sie noch gar kein eigenes Urteil fällen können.

Aber vor allem sollten Sie sich mit Fragen deshalb zurückhalten, weil Sie gar nicht zu wissen brauchen, ob der genannte Betrag noch Spielraum zu Verhandlungen läßt. Und warum sollte Ihnen die Frage dann einen Vorteil bieten?

Anders sieht es aus, wenn der Gesprächsführer die Vergütung erst am Ende des Treffens beziffert. Jetzt wird die Frage nach der Verhandelbarkeit des Gehalts für Sie zusehends dringlicher. Vielleicht zeichnet sich von Minute zu Minute immer deutlicher ab, daß man Interesse an Ihnen hat. Und das mündliche Angebot kann unterschiedlichster Art sein. Es kann ganz offen ausgesprochen werden: »Ich biete Ihnen die Stelle an, so sieht die Vergütung aus, sind Sie damit einverstanden?« Es kann aber auch geradezu mystisch verklausuliert wirken: »Würden Sie die Stelle annehmen, wenn ich Sie Ihnen anbieten könnte?« Jetzt müssen Sie auf eine *Hinhaltetaktik* setzen. Auch hier geht es nicht darum, sich auf unlautere Art einen Vorteil zu verschaffen. Es sprechen einfach eine ganze Reihe von Gründen dafür, zu diesem Zeitpunkt noch keine Entscheidung zu treffen.

Treffen Sie keine überstürzten Entscheidungen

- *Sie haben sich jetzt durch Ihr Geschick in der Darlegung Ihrer Qualitäten und in der Vermeidung von Blößen einen zeitlichen Spielraum verschafft.* Dieser Spielraum öffnet sich, sobald sich der Arbeitgeber für Sie entscheidet, und er schließt sich erst wieder, wenn Sie zugesagt haben. *Damit ist der optimale Zeitpunkt für Gehaltsverhandlungen gekommen.* Vorher *sollten* und danach *können* sie nicht mehr verhandeln.

- *Vielleicht will der Arbeitgeber eine möglichst rasche Antwort* und setzt Sie mit diesem Argument zusätzlich unter Druck. Er kann zum Beispiel auf eine rasche Antwort dringen und Ihnen unterschwellig damit drohen, einen Ihrer Konkurrenten vorzuziehen, falls Sie sich nicht umgehend entscheiden. Lassen Sie sich von solch einer Taktik nicht einschüchtern – schließlich sind Sie kein Bittsteller, der um Almosen fleht.

- *Solange Sie kein schriftliches Angebot vorliegen haben, müssen Sie auch keine Entscheidung treffen.* Es wäre töricht von Ihnen, sich auf ein mündliches Angebot hin sofort zu entscheiden, und auch der Arbeitgeber sollte dies vernünftigerweise nicht von Ihnen erwarten. In vielen Fällen ist das Angebot so vage formuliert, daß Sie nicht einmal die Gewißheit haben, daß es sich wirklich um ein Angebot handelt. Das »angedeutete Angebot« birgt ein für die Arbeitssuche allseits bekanntes Risiko, vor dem man sich ganz besonders hüten sollte. Ist Ihr Gesprächspartner überhaupt dazu *befugt*, Ihnen ein solches Angebot zu unterbreiten? In der Regel wissen Sie nicht, ob Sie es mit einem Entscheidungsträger oder nur mit einem »Vertreter« des Arbeitgebers zu tun haben, dem das Einstellungsverfahren bis zu einem bestimmten Punkt anvertraut worden ist. Diese Person möchte Ihnen die Stelle zwar vielleicht gerne anbieten, *aber unter Umständen ist sie dazu überhaupt nicht berechtigt.* Außerdem lassen die obersten Bosse gelegentlich schon mal die Muskeln spielen, um andere daran zu erinnern, *wer* hier zu entscheiden hat. Gegen solche Unwägbarkeiten können Sie sich praktisch überhaupt nicht schützen. Allerdings hilft es natürlich, wenn man zumindest darauf vorbereitet ist. Wenn die Absichten des Gesprächsführers unklar bleiben, bitten Sie ihn um eine Präzisierung. Auf Rätsel wie »Würden Sie die Stelle annehmen, wenn ich Sie Ihnen anbieten könnte?« sollte man lächelnd mit einer Gegenfrage antworten: »Bieten Sie sie mir denn an?«

- *Sie stehen vielleicht vor einer Ihrer weitreichendsten Entscheidungen überhaupt – und nicht nur im finanziellen Bereich.* Sie müssen sich die Folgen für Ihre Karriere vor Augen führen. Wenn Sie familiäre Verpflichtungen haben, dann sollten Sie solch eine Entscheidung in der Regel nicht allein treffen. Sie werden sich wahrscheinlich mit Ihrem/r Lebensgefährten/in oder Ihren Kindern beraten wollen, da sich Ihre Zusage möglicherweise nicht nur auf Ihr eigenes Wohlbefinden auswirkt. Besonderes Gewicht bekommt diese Frage natürlich, wenn Sie umziehen müssen.

Freilich ist es oft nur ein kleiner Schritt von sorgsamen Erwägungen zu bloßen Ausflüchten. Wenn Sie Ihren Gesprächspartner »hinhalten«, dann dürfen Sie ihm kein Bild der Unentschlossenheit vermitteln oder gar den Eindruck wecken, daß Sie für Ihre Entscheidungen überhaupt nicht zuständig sind. Ihre Antwort auf ein definitives mündliches Angebot muß also behutsam formuliert sein. Zeigen Sie Engagement, aber auch Vorsicht. Zum Beispiel: »Ich würde mich sehr darüber freuen, für Ihr Unternehmen zu arbeiten. Ich bin sicher, daß beide Seiten davon profitieren werden, und ich habe auch überhaupt keine Bedenken hinsichtlich meiner Eignung für die Stelle (damit deuten Sie an, daß Sie möglicherweise in anderen Fragen sehr wohl Bedenken haben). Wie bald können Sie mir ein schriftliches Angebot zuschicken?«

Vermeiden Sie eine Antwort, mit der Sie unversehens eine Konfrontation herbeiführen könnten, wie zum Beispiel:»Ich kann dazu keine Entscheidung treffen, solange mir kein schriftliches Angebot vorliegt.« Für so manchen Arbeitgeber könnte solch eine Erwiderung Anlaß genug sein, das mündliche Angebot in eine schriftliche Ablehnung umzukehren. Auf keinen Fall sollten Sie ihn (jetzt schon) mit Ihren anderen Angeboten unter Druck setzen. Es reicht vollkommen, wenn Sie im Verlauf der Gespräche darauf hingewiesen haben, daß auch noch andere Unternehmen großes Interesse an Ihren Fähigkeiten zeigen. Arbeitgeber (aber auch Bewerber, wir wollen uns da nichts vormachen) zeigen eine ängstliche Neigung, die Zyankalipille zu schlucken, wenn man sie in die Enge treibt. Der Wunsch, Sie einzustellen, kann plötzlich von dem Bedürfnis verdrängt werden, sich Ihrem Druck nicht zu beugen. Ihre anderen Angebote sind dann Ihr letztes Mittel, mit dem Sie alles auf eine Karte setzen. Sie können gewinnen, aber auch verlieren.

Natürlich läßt Ihnen bei einigen Vorstellungsgesprächen das »System« keine Zeit für lange Überlegungen. Die bloße Bewegung signalisiert dem Arbeitgeber, daß Sie die Stelle tatsächlich wollen. Aber wenn keiner der beiden Parteien ausreichend Zeit für vernünftige Überlegungen bleibt, dann sinkt auch die Wahrscheinlichkeit, daß man zu einer für beide Seiten vorteilhaften Einigung gelangt.

Auswertung des schriftlichen Stellenangebots

Jetzt halten Sie es also in Händen. Sie haben genug Zeit, um es sorgfältig zu studieren. Entspricht das Angebot in allen Einzelheiten genau den Gesprächen? Wenn nein, bitten Sie um eine Klarstellung, ehe Sie die Verhandlungen eröffnen. Dafür reicht normalerweise ein Telefonanruf, der selbstredend noch nicht Teil der Verhandlungen ist. Allerdings geben Sie dem Arbeitgeber mit einem Telefonanruf Gelegenheit, Sie zu einer Entscheidung zu drängen. Zeigen Sie Verständnis für seine Lage, aber lassen Sie sich nicht erweichen.

Doch auch hier sind wie für alle Regeln Ausnahmen denkbar. Jede Situation hat ihre eigenen Gesetze, und man kann sich durchaus triftige Gründe vorstellen, die ein Gespräch unter vier Augen ausschließen. In diesem Fall hängt natürlich viel von Ihrer Überzeugungskraft am Telefon ab. Manche Bewerber wachsen bei Telefongesprächen geradezu über sich hinaus. Sie fühlen sich wohler als bei einem Treffen. Trotzdem sollten Sie dafür sorgen, daß Sie während des Anrufs *ungestört* bleiben. Unerwünschte Unterbrechungen können zu Verkrampfungen führen. Auch dem Arbeitgeber sollte das Telefonat nicht ungelegen kommen. Wenn Ihr Anruf mitten in eine Atmosphäre hektischer Betriebsamkeit hineinplatzt und eine vertrauliche Verständigung deshalb nicht möglich ist, dann können Sie Ihrem Anliegen damit nur schaden. Sie sollten dann besser zu einem anderen Zeitpunkt noch einmal anrufen.

Ehe Sie sich den finanziellen Einzelheiten zuwenden, müssen Sie sich überlegen, welche Folgen dieses Arbeitsverhältnis für die Entwicklung Ihrer Karriere haben würde.

Die zwei Schlüsselfragen

- *Ist es die Arbeit, die Sie wollen, oder nur die einzige, die Sie Ihrer Ansicht nach bekommen?* Sie werden vielleicht den einen oder anderen Kompromiß eingehen müssen, wie zum Beispiel einen relativ langen Weg zur Arbeit. Wenn dies der Fall ist, sollten Sie sich überlegen, ob sich das auch lohnt. Für manche Menschen kann selbst eine attraktive Vergütung nicht die Anstrengung einer in ihren Augen unerträglichen täglichen An- und Rückfahrt ausgleichen. Und denken Sie daran: Wenn Sie jetzt zusagen, dann wird dies von nun an auch in Ihrem Lebenslauf vermerkt sein. Sie müssen sich einfach überlegen, wie ein derartiges Engagement auf zukünftige Arbeitgeber wirken wird, wenn Sie in späteren Jahren – oder vielleicht schon in den nächsten Monaten – erneut auf Arbeitssuche sind. So etwas wie Sicherheit des Arbeitsplatzes gibt es nicht mehr. Arbeitsstellen nehmen immer stärker den Charakter des Vergänglichen an. Wenn Sie hinsichtlich Ihrer Karriere einen Rückschritt in Kauf nehmen, dann kann sich die Suche nach einem besseren Job um so schwieriger für Sie gestalten, wenn Sie entlassen werden. In den Augen vieler Arbeitgeber ist ein Bewerber nur so gut wie seine letzte Stelle. In rein finanzieller Hinsicht bedeutet dies, daß man Ihnen nicht mehr bezahlt als Ihr letzter Arbeitgeber.

- *Wenn Sie sich dieses Angebot als Arbeitsloser gesichert haben, dann bietet sich zur Kontrolle die Frage an: Würden Sie das Angebot auch annehmen, wenn es direkt von einem Arbeitgeber käme und Sie nicht beschäftigungslos und auf Arbeitssuche wären?* Wenn Sie die Stelle in einer Position der Sicherheit nicht interessiert, dann sollten Sie es sich im Hinblick auf Ihre Karriere dreimal überlegen, ehe sie sich in einer Position relativer Unsicherheit dafür entscheiden. Eine Zusage könnte kurzfristige finanzielle Sorgen mildern, aber dafür auch längerfristige Karriereprobleme schaffen.

Wenden Sie sich jetzt der Frage der Vergütung zu. Zunächst einmal sollten Sie feststellen, ob das Angebot Angaben über den Zeitpunkt einer Gehaltserhöhung enthält. Wenn dies nicht der Fall ist, müssen Sie sich um eine Klarstellung bemühen. Dieser Punkt kann sich zwar nicht auf Ihre Verhandlungsabsicht (sie sollte unverrückbar sein), aber sehr wohl auf Ihre Verhandlungsstärke auswirken. Der Arbeitgeber kann nämlich Ihren entsprechenden Vorstoß unter Umständen mit dem Hinweis kontern, daß die Vergütung in drei Monaten ohnehin erhöht wird. Dieses Argument ist freilich nur ein Ablenkungsmanöver, auf das man nicht eingehen sollte. Die nach dem Anstoß geltenden Spielregeln haben keinen Einfluß auf Ihre Entscheidungen, solange Sie sich noch nicht zum Mitspielen entschlossen haben.

Als nächstes müssen Sie den Umfang der Gesamtvergütung mit dem Ihres derzeitigen/früheren Gesamtverdienstes vergleichen. Dabei sollten Sie sich nicht auf Ihre Fähigkeiten im Kopfrechnen verlassen. Nehmen Sie Stift und Papier zur Hand, und beziffern Sie jeden Bestandteil der Vergütung mit einem Wert. Vergessen Sie nie, daß man trotz einer Verbesserung im Grundgehalt insgesamt doch schlechter dastehen kann. Umgekehrt gilt das Entsprechende. Natürlich wird man bei seinen Berechnungen mitunter auf Annäherungswerte zurückgreifen müssen, aber die Schwierigkeit dieser schriftlichen Aufstellung beweist nur einmal mehr, daß man hier in der Bedrängnis eines Bewerbungsgesprächs zu keinem klaren Bild kommen kann. Lassen Sie Objektivität walten. In diesem Stadium reden sich Bewerber nur allzu leicht ein, Sie hätten ein gutes Geschäft gemacht, besonders wenn sie sich mit dem Gedanken an Verhandlungen nicht so recht anfreunden können. Auch der Wunsch, sich endlich aus der bedrückenden Stiuation der Arbeitssuche zu befreien, kann die Neigung zur Selbsttäuschung erhöhen. Die Stellensuche steht allgemein im Zeichen des Wunschdenkens, und dies gilt nirgends so sehr wie in diesem Stadium. Vergleichen Sie jetzt die Arbeitsbeschreibungen, und achten Sie dabei besonders auf folgende Punkte:

- Was erwartet man von Ihnen als konkrete Gegenleistung für die Bezahlung?
- Sind die Aufgaben beschwerlicher als in Ihrem früheren Arbeitsverhältnis?
- Schlägt sich dies in der Vergütung nieder? Wenn nicht, haben Sie damit vielleicht das entscheidende Argument für die Forderung nach einer Erhöhung.
- Überdenken Sie noch einmal, was Sie dem Arbeitgeber »verkauft« haben. Profitiert er von zusätzlichen Fähigkeiten, die in Ihrem früheren Job brachlagen, nicht bezahlt wurden und auch jetzt nicht finanziell honoriert werden?
- Lassen Sie sich auf keinen Vergleich auf einen wie auch immer gearteten »üblichen Tarif« ein. Derlei hat für Sie ebensowenig Gültigkeit wie für den Arbeitgeber. Sie sollten sich Ihre Strategie nicht von der Fähigkeit und Neigung anderer Bewerber zur Verhandlung *ihrer* Gehälter diktieren lassen.
- Wenn Sie als einen Vorzug Ihre guten Geschäftskontakte in die Waagschale werfen, findet dies innerhalb des Vergütungsrahmens auch gebührend Berücksichtigung? Vielleicht können Sie die dadurch erzielte wahrscheinliche Gewinnsteigerung des Unternehmens annäherungsweise bestimmen. Sie können natürlich kaum erwarten, dafür

im voraus bezahlt zu werden, aber Sie könnten so einen Vertrag aushandeln, der sich auf die voraussichtlichen Erfolge stützt.

Wenn der Vergleich zuungusten des neuen Arbeitsplatzes ausfällt, müssen Sie genaue Überlegungen zu den Punkten anstellen, über die Sie verhandeln wollen. Sollte er sogar deutlich gegen die neue Stelle sprechen, dann sind Sie wahrscheinlich zu Verhandlungen über das Grundgehalt und (vielleicht noch) eine oder zwei andere Leistungen gezwungen, um die Gesamthöhe der Vergütung auf ein akzeptables Niveau zu heben.

Im Falle eines günstigen Vergleichs sollten Sie sich dennoch überlegen, wo Sie bei Ihren Verhandlungen ansetzen wollen. Hier müssen Sie sich natürlich für die *Rechtfertigung* Ihrer Verhandlungen mehr einfallen lassen. Wenn Sie einfach mit der Forderung nach einem verbesserten Angebot herausplatzen, aber keine vernünftige Antwort auf die Frage nach dem Grund wissen, dann werden Sie wahrscheinlich auf Granit beißen, und das zu Recht. (Trotzdem steht es Ihnen natürlich immer noch frei, zuzusagen oder abzulehnen.) Gehaltsverhandlungen erfordern zwar keine metapyhsische Gedankentiefe, aber etwas mehr Sensibilität ist schon vonnöten.

Sollte der Vergleich überaus günstig ausfallen, dann sind Sie vielleicht hin- und hergerissen zwischen Vernunft und Verlangen. Wenn der Arbeitgeber die Höhe Ihrer früheren Bezüge nicht kennt und es sich um das erste Angebot handelt, dann verhandeln Sie weiter! Sie unterstellen dem Arbeitgeber vielleicht, er habe sich gefragt, ob er sich solch ein Angebot überhaupt leisten kann. Unterstellen Sie lieber nichts. Unter bestimmten Umständen, wenn Sie zum Beispiel auch noch mit einem anderen Unternehmen in Verhandlungen stehen, werden finanzielle Rücksichten angesichts einer dringend zu besetzenden Stelle einfach beiseitegeschoben. Doch solch eine Hals über Kopf getroffene Entscheidung wird langfristig nicht unbedingt Ihren Interessen dienen. Manchmal müssen Sie sich deshalb auch die Fragen der anderen Seite stellen. Denken Sie immer daran, daß Sie nicht ohne Rücksicht auf Verluste das meiste herausschlagen dürfen, sondern den bestmöglichen Vertrag in einem auch *für das Unternehmen vertretbaren Rahmen* abschließen sollten.

Ermunterung der anderen

In der Auswertungsphase sollten Sie andere Interessenten davon in Kenntnis setzen, daß Ihnen ein Angebot vorliegt. Auch aus diesem Grund liegt es in Ihrem Interesse, sich einen zeitlichen Spielraum offenzuhalten. Jetzt ist der Zeitpunkt gekommen, an dem sich eine planvolle Arbeitssuche für Sie auszahlt. Wenn Sie den Arbeitsmarkt gründlich durchforstet haben, dann können Sie jetzt die anderen Arbeitgeber und besonders jene, die sich ewig Zeit lassen, zumindest zu einer rascheren Entscheidung drängen. Das Wissen, daß Sie vielleicht in wenigen Tagen oder sogar Stunden nicht mehr zur Verfügung stehen, kann wahre Wunder wirken. Für den Arbeitgeber bedeutet das Angebot eines anderen eine Bestätigung Ihrer Fähigkeiten. Wenn andere Interesse an Ihnen zeigen, dann sind Sie es allem Anschein nach auch *wert!* Einige werden sich durch die eingetretene Situation auch weiterhin nicht aus der Ruhe bringen lassen, aber wie gleichgültig war ihnen Ihre Bewerbung dann erst, bevor Sie sich über Ihr weiteres Angebot informierten? Diese Maßnahme wirkt wie eine Entrümpelungsaktion: Endlich landen die aussichtslosen Stellenbewerbungen auf dem Müll.

Prioritäten setzen

Vereinbaren Sie ein Treffen mit dem Arbeitgeber. Erklären Sie ihm, daß Sie gern ein oder zwei Fragen bezüglich des Angebots mit ihm erörtern möchten. Vor dem Gespräch müssen Sie sich über einige Dinge vollkommene Klarheit verschaffen:

1. Das Vergütungsniveau, über das Sie hocherfreut wären.
2. Das Vergütungsniveau, das Sie gerne akzeptieren würden.
3. Das Vergütungsniveau, das Sie keinesfalls unterschreiten möchten.

Ihr früherer Verdienst sollte im Bereich zwischen Punkt 2 und 3 liegen. Außerdem müssen Sie auch die Kraft und Entschlossenheit gewinnen, um gegebenenfalls das Angebot abzulehnen. Auch in diesem Fall sollte man sich Ruhe und Sachlichkeit bewahren, weil man nie wissen kann, ob man nicht irgendwann später wieder mit dem Unternehmen ins Gespräch kommt.

Fallstudie 13

Georg hatte eine erfolgreiche Karriere im mittleren Management hinter sich und war Mitte fünfzig. Er ließ sich jedoch von dem Gedanken an sein »fortgeschrittenes« Alter nicht abschrecken und zeigte daher auch keine Schwäche. Man bot ihm eine Stelle mit einem Grundgehalt von 60.000 DM an. Er sollte die Aufsicht über zwei kleine Abteilungen übernehmen, eine Aufgabe, bei der er sich angesichts seiner Erfahrung bestimmt nicht übermäßig verausgaben mußte. Dies kam Georg sehr gelegen, da er keine allzu anstrengende Beschäftigung suchte. Sollte er die Stelle annehmen, so mußte er sogar eine leichte Einkommenseinbuße hinnehmen. Doch ansonsten entsprach sie in jeder Hinsicht seinen Vorstellungen. Das Angebot stammte von einem großen Unternehmen, das im späten neunzehnten Jahrhundert gegründet worden war. Georg ließ sich die Offerte durch den Kopf gehen, stellte Berechnungen an und vereinbarte ein weiteres Treffen mit dem Arbeitgeber. Ober- und Untergrenze hatte er sich genau überlegt.

1. Das Vergütungsniveau, über das er hocherfreut wäre: 75.000 DM und Geschäftswagen.
2. Das Vergütungsniveau, das er gerne akzeptieren würde: 63.000 DM.
3. Das Vergütungsniveau, das er keinesfalls unterschreiten wollte: 60.000 DM.

Georg hatte sich also dazu entschlossen, die Stelle auch dann anzunehmen, wenn man ihm nicht mehr bot. Das Gespräch verlief folgendermaßen:

Gesprächsführer: Ich nehme an, Sie möchten sich über das Angebot mit uns unterhalten?
Georg: Ja, genau. Zunächst einmal möchte ich noch einmal mein Interesse an der Stelle betonen. Sie wissen ja, daß ich mich sehr darauf freuen würde. Und ich hoffe, daß wir uns beim Gehalt auch noch einig werden.
Gesprächsführer: Ich werde sehen, was sich machen läßt. Was hatten Sie sich vorgestellt?
Georg: 75.000 plus Geschäftswagen.
Gesprächsführer: Das ist völlig ausgeschlossen. Soviel kann sich das Unternehmen nicht leisten. Die Geschäftsleitung möchte auf keinen Fall über 66.000 DM hinausgehen. Schließlich ist es ja auch keine so anspruchsvolle Aufgabe, und außerdem steht in einem halben Jahr sowieso die nächste Gehaltserhöhung an.

Georg: Ich weiß, mehr als 66.000 DM sind für diese Arbeit nicht angemessen, da gebe ich Ihnen vollkommen recht. Aber vielleicht darf ich Ihnen einen Vorschlag machen? Wie wär's, wenn Sie die Stelle etwas anspruchsvoller gestalten und mir mehr zu tun geben würden?

Gesprächsführer: Hatten Sie da an etwas Bestimmtes gedacht?

Georg: Das Unternehmen ist vor über hundert Jahren gegründet worden, damit ließe sich doch etwas anfangen. Warum übertragen Sie nicht jemandem die Aufgabe, eine permanente Ausstellung Ihrer Produkte im Wandel der Jahre einzurichten und zu leiten? Das wäre doch sicherlich ein interessanter Anziehungspunkt für die vielen Kunden, die die Geschäftsräume besuchen...

Georg erzählte dann von seiner Arbeit für die lokale historische Gesellschaft und präsentierte ein vorbereitetes schriftliches Exposé, das seine Ideen zusammenfaßte. Er überließ dem Gesprächsführer eine Kopie, damit er sie noch einmal durchlesen und den Entscheidungsträgern in der Firma vorlegen konnte. Sie fanden Gefallen an Georgs Plan und boten ihm 70.000 DM und einen Geschäftswagen, nachdem er ihnen deutlich gemacht hatte, daß er diesen für Fahrten zu anderen Niederlassungen brauchte, um Informationen, Aufzeichnungen und Artefakte zu sammeln.

Eine erfolgreiche Strategie

- *Georg unterstrich sein Interesse an der angebotenen Stelle, ehe er zu verhandeln begann.* Er äußerte sich weder kritisch noch herablassend zu der Offerte.
- *Er sprach nicht von »Verhandlungen«, sondern von einer »Einigung«.* Dieses Wort beinhaltet, daß die Entscheidung für beide Seiten vorteilhaft sein soll.

- *Georg hatte seine Hausaufgaben gemacht.* Er wußte, daß die Entscheidung über seine Idee nicht vom Gesprächsführer getroffen werden konnte. Aus diesem Grund hatte er ein schriftliches Exposé seines Vorschlags angefertigt, das sein Gegenüber an die verantwortlichen Stellen weiterreichen konnte.
- *Er wußte, daß eine erfolgreiche Verhandlung auf mehr aufbauen muß als nur auf einer Forderung nach mehr Geld.* Da er die Frage nach dem »Warum« vorausgesehen hatte, erschien er nicht mit leeren Taschen. Er lieferte ihnen den nötigen Grund, der ihnen die Entscheidung zu seinen Gunsten erleichterte.
- *Er war sich der »Überzogenheit« seines Eröffnungsangebots sehr wohl bewußt.* 75.000 DM plus Geschäftswagen war als Vorschlag so weit vom Erstangebot des Arbeitgebers entfernt, daß eine ungläubige Reaktion von seiten des Gesprächsführers eigentlich nicht ausbleiben konnte. Doch genau das veranlaßte ihn praktisch unweigerlich, seine Obergrenze zu nennen. Georg konnte sich von da an sicher sein, daß er unabhängig vom Fortgang des Gesprächs bereits eine Verbesserung von 6.000 DM erreicht hatte. Vorsichtshalber bestätigte er seinen Gesprächspartner: »...mehr als 66.000 DM sind für diese Stelle nicht angemessen...« Man beachte im übrigen, wie der Gesprächsführer aus der Rolle des Unternehmers (»Ich werde sehen, was sich machen läßt«) in die des ehrlichen Maklers (»Soviel kann sich das Unternehmen nicht leisten. Die Geschäftsleitung möchte auf keinen Fall über 66.000 DM hinausgehen«) wechselt. Mit dieser Verteidigung macht der Gesprächsführer einen eleganten Rückzieher. Hatte er zunächst die vollkommene Verantwortung für die Verhandlungen übernommen, schiebt er sie nun von sich. Gesprächsführer greifen gerne zu dieser Form der Verteidi-

gung, wenn sie sich auf dem Rückzug befinden. Wenn Sie also ein Eröffnungsangebot machen, dann eines, das Ihrem Gegenüber den Atem verschlägt. Voraussetzung ist natürlich, daß Sie selbstbewußt auftreten.

- *Georg versuchte, in der Unterhaltung durch einfache Sprache eine familiäre Wendung zu geben.* Es ist bestimmt keine schlechte Idee, das Förmliche aus dem Gespräch zu nehmen. Damit reißt man Barrieren nieder und erleichtert die Verständigung. Man erzeugt eine Atmosphäre der Zusammengehörigkeit. Sehr oft hängt der Erfolg des Bewerbers davon ab, ob er sein Gegenüber zu einem freundschaftlichen Umgang bewegen kann. Darin liegt auch der Unterschied zwischen einer Verhandlung von Positionen und einer Verhandlung von Grundsätzen. Letztere bietet die Gewähr, daß die Beteiligten in einem Team zusammenarbeiten; sie gehen nur das Problem und nicht einander an. Die Verhandlungen werden nicht mit egozentrischen Problemen belastet, so daß die zugrundeliegenden gemeinsamen Interessen auf vernünftige Weise besprochen werden können.

- *Der Gesprächsführer wandte unter anderem gegen Georgs Vorschlag ein, daß in einem halben Jahr ohnehin eine Gehaltserhöhung fällig sei.* Dieses Ablenkungsmannöver wurde von Georg zu Recht ignoriert. Er wußte ja nicht einmal, ob er die Stelle in einem halben Jahr noch haben würde. Wer sich später auf ein solches Versprechen beruft, stößt oft auf die Erwiderung: »Dazu hatte er gar kein Recht.« Besonders gilt dies natürlich, wenn es sich um Versprechen von inzwischen ausgeschiedenen Mitarbeitern handelt, die nicht in schriftlicher Form vorliegen. Auch wenn Georg in einem halben Jahr dem Unternehmen noch angehört, sein ehemaliger Gesprächspartner kann schon längst gekündigt haben.

- *Georg erkannte ein Bedürfnis des Unternehmens, von dem dieses noch gar nichts wußte.* Dies ist der Kern jeder Eigenbewerbung. Auch wenn Georg auf eine Annonce antwortete, so zeigte er sich doch nicht blind für die damit verbundenen Möglichkeiten.

- *Georg erkannte den maßgeblichen Einwand gegen sein Angebot:* Eine solche Vergütung für die Stelle sei nicht angemessen. Er begegnete diesem Einwand auf die denkbar wirkungsvollste Weise. Anstatt sein Angebot herabzusetzen, erhöhte er den Wert des Arbeitsplatzes. Solch ein Vorgehen erweist sich besonders dann als hilfreich, wenn der Arbeitgeber auf eine starre Arbeitsbewertung und nicht auf eine Beurteilung der Person setzt. Wer einen höheren Gegenwert bietet, der kann auch den so beliebten Einwand entkräften, der da lautet: »Das können wir uns einfach nicht leisten.«

Lethargie, Trägheit und Mangel an Phantasie sind die Feinde erfolgreicher Verhandlungen. Viel zu viele Bewerber lassen sich durch diese unheilige Dreieinigkeit von dem Versuch abhalten, einen besseren Vertrag auszuhandeln. Sie sind nicht bereit, sich zu einer Reihe von Vorstellungsgesprächen für verschiedene Stellen einzufinden, wenn sie keinen unmittelbaren Nutzen darin erkennen. Georg würden sie wahrscheinlich einfach als Glückspilz beschreiben.

Aber mit Glück hat Georgs erfolgreiche Arbeitssuche nichts zu tun. Erfolgreiche Verhandlungen erfordern eine aktive Einstellung, Phantasie, Begeisterungsfähigkeit und die Bereitschaft zu positiven Gesprächen, auch wenn man einen positiven Ausgang für äußerst zweifelhaft hält. In keiner Phase der Verhandlungen hatte Georg das Gefühl, seine Zeit oder die der anderen Seite zu verschwenden. Er setzte sich in zwei getrennten Gesprächen durch und hatte sich vorher schon zu vielen Treffen mit anderen Unternehmen eingefunden, von denen keines zu einem positiven Ergebnis führte. Diese Gespräche hatten alles in allem etwa dreißig Stunden gedauert. Die Gehaltserhöhung, die er letzten Endes aushandelte, betrug in etwa 18.000 DM. 600 DM pro Stunde – so etwas läßt sich doch wohl kaum als Zeitverschwendung bezeichnen!

Fallstudie 14

Karolin hatte sich auf eigene Faust bei einem Unternehmen beworben. Als Antwort schickte man ihr ein Bewerbungsformular, das sie gewissenhaft ausfüllte. Zu gewissenhaft. Anstatt zur Beantwortung der Frage nach Ihrem angestrebten Gehalt »Nach Vereinbarung« zu schreiben, gab sie »75.000 DM« als Wunsch an. Ihren aktuellen Verdienst von ungefähr 65.000 DM nannte sie ebenfalls. Am Ende von zwei Gesprächen bot man ihr eine Stelle an, über die sie sich sehr freute. Tatsächlich erschienen ihr die Arbeit und die Aussichten insgesamt so positiv, daß sie es bedauerte, ein solch »hohes« Gehalt gefordert zu haben.

Gesprächsführer: Wie ich sehe, erwarten Sie ein Gehalt von 75.000 DM?
Karolin: Ja, schon.
Gesprächsführer: Würden Sie sich auch mit weniger zufrieden geben?
Karolin: Wissen Sie, als ich mich bewarb, hatte ich natürlich gar keine klare Vorstellung von meinem möglichen zukünftigen Arbeitsplatz hier. Ich bin durchaus zu Zugeständnissen bereit, aber ich kann auf keinen Fall unter 65.000 DM gehen.

Gesprächsführer: Ja, das käme unseren Vorstellungen schon eher entgegen.

Man einigte sich auf dieser Grundlage. Karolin freute sich über den Vertrag, weil sie beim Verdienst keine Einbußen zu verzeichnen hatte, obwohl der Job viel besser war als ihr früherer.

Aber sie beging einen schwerwiegenden taktischen Fehler. Mit einem Schlag ging sie von der (bis dahin noch nicht benannten) Obergrenze der anderen Seite ohne jede Zwischenstation herunter bis zu ihrem unteren Limit. Die Frage, ob sie sich auch mit weniger zufriedengeben würde, bringt natürlich unterschwellig zum Ausdruck, daß man sich andernfalls nicht einigen könne. Aber Karolin hatte keine Mitbewerber zu fürchten, und der Bedarf des Arbeitgebers lag auf der Hand. Darüber hinaus hatte das Unternehmen im Falle ihrer Einstellung bereits eine Menge Geld gespart, weil man auf gängige Mittel der Personalbeschaffung wie Anzeigen oder die Dienste einer Personalvermittlung verzichten konnte. Daher befand sie sich eigentlich in einer ziemlich starken Position und hätte sich daher auch nicht zu einem solch radikalen Zugeständnis hinreißen lassen müssen. Wie schon an anderer Stelle bemerkt, ist alles relativ. Aber auf diesem Einkommensniveau sind 10.000 DM natürlich eine Rieseneinbuße, zumal wenn man sie sich sozusagen im Handumdrehen durch die Lappen gehen läßt.

Wie in den vorangegangenen Fallstudien läßt sich das Problem zufriedenstellend lösen, wenn man den Einwand der Arbeitgeberseite an der Wurzel packt. Dieser lautet hier allem Anschein nach, daß man sich das erwünschte Gehalt nicht leisten kann. Doch wie wir inzwischen wissen, sollte man mit voreiligen Annahmen sehr vorsichtig sein. Möglicherweise liegen ganz andere Gründe für die Bedenken des Arbeitgebers vor:

- Man hält ein Gehalt von 75.000 DM für die Stelle für unangemessen.
- Man hält ein Gehalt von 75.000 DM für den Bewerber für unangemessen.
- Man hält eine Steigerung von 10.000 DM in diesem Gehaltsrahmen für zu hoch.
- Man glaubt, daß sich andere Mitarbeiter des Unternehmens dagegen sträuben könnten.

Der Vorbehalt kann natürlich auch aus einer Mischung der genannten Gründe resultieren. Wie dem auch sei, Karolin hätte nie und nimmer solch ein impulsives Zugeständnis machen dürfen. Statt dessen hätte sie ihrem Gesprächspartner Gelegenheit geben sollen, seine Bedenken zu formulieren. Zum Beispiel so: »Ich bin durchaus zu Zugeständnissen bereit. Auf jeden Fall würde ich mich über die Stelle und die Arbeit im Unternehmen sehr freuen. Haben Sie einen bestimmten Grund, warum ich mich mit weniger zufriedengeben sollte?«

Damit *zwingt* man zwar die andere Seite nicht dazu, die Karten offen auf den Tisch zu legen, aber man gibt ihr zumindest die Gelegenheit dazu. Im übrigen können Bewerber durchaus zum Opfer der eigenen Begeisterung werden. Sicherlich läßt sich so mancher Nachteil durch großen Enthusiasmus wettmachen, aber man kann damit unter Umständen auch die eigene Verhandlungsposition schwächen. Möglicherweise hält der Gesprächsführer den Enthusiasmus des Bewerbers sogar für Verzweiflung und folgert daraus, daß er den Job um jeden Preis annehmen würde.

Lautet die Antwort schlicht, daß man sich ein Gehalt in dieser Höhe nicht leisten kann, dann dürfen Sie nicht einfach

nachgeben, sondern müssen nachhaken: »Und wieviel weniger als 75.000 DM hatten Sie sich denn vorgestellt?«
Und damit ist die andere Seite am Zug. *Sie* muß jetzt eine Zahl nennen. Unter diesen Umständen ist es eher unwahrscheinlich, daß der Gesprächsführer gleich den Quantensprung bis hinunter auf 65.000 DM vollzieht. Sein Angebot läßt sich unmöglich vorhersagen, aber es dürfte eher in der Mitte, also bei 70.000 DM, liegen. Falls dies zutrifft, sollte man auf ein schriftliches Angebot drängen, um sich so noch Spielraum für Verhandlungen zu lassen: »Auf dieser Grundlage sehe ich von meiner Seite keine großen Probleme. Bis wann könnten Sie mir Ihr Angebot in schriftlicher Form zuschicken?«

Wenn sie das Angebot in Händen hält, dann kann Karolin das oben geschilderte Auswertungsverfahren anwenden. Einige Punkte bedürfen vielleicht noch der Klärung, aber die Möglichkeit für weitere Verhandlungen steht nach wie vor offen. Für weitere *Gehalts*verhandlungen ist dagegen praktisch kein Spielraum mehr vorhanden. Diesen entscheidenden Gesichtspunkt gilt es besonders zu beachten. Falls Sie sich bei einem Vorstellungsgespräch in Gehaltsverhandlungen hineinziehen lassen – was nicht immer zu vermeiden ist – und sich mit einem bestimmten Betrag einverstanden erklären, dann sollten Sie auf weitere Vorstöße in dieser Frage verzichten. Die meisten Arbeitgeber sehen es nämlich als einen Verstoß gegen eine stillschweigende Abmachung, wenn Sie hier noch einmal verhandeln wollen.

Doch jetzt ist vielleicht der Zeitpunkt für Verhandlungen über die *Variablen* gekommen, das heißt über die anderen Elemente der Gesamtvergütung. In diesem Fall kamen nur wenige Variablen in Betracht. Doch man sollte auch Dinge wie den Urlaub nicht außer acht lassen. Natürlich wäre es keine gute Idee, über solche Fragen schon vor Eingang des schriftlichen Angebots zu verhandeln. Sie machen sich nicht unbedingt beliebt bei Ihrem Arbeitgeber in spe, wenn Sie schon von Ferien reden, noch ehe Sie die Arbeit aufgenommen haben. Bei einem Gehalt von 70.000 DM beträgt der Wochenverdienst rund 1.350 DM. Würde Karolin eine zusätzliche Woche Urlaub verlangen, hätte sie wahrscheinlich bessere Chancen als mit einer Forderung nach einer Erhöhung um 1.500 DM. Dies gilt besonders, wenn ihr der neue Arbeitgeber weniger Urlaub einräumen würde als der alte. Vergessen Sie nicht, daß man Sie für Ihre Arbeitskraft bezahlt. Falls man Sie Ihrer Ansicht nach zu schlecht dafür bezahlt, dann sollten Sie versuchen, eine günstigere Urlaubsregelung auszuhandeln. Zudem bedeutet ein längerer Urlaub auch mehr Urlaubsgeld.

Je nach den Umständen des Gesprächsverlaufs können Sie in manchen Fällen auch sämtliche Aspekte der Vergütung schon vor Erhalt eines schriftlichen Angebots aushandeln. Sie gefährden den Erfolg damit nicht, wenn es wirklich sicher ist, daß man Ihnen die Stelle anbietet. In unserer Fallstudie hätte Karolin also folgende Antwort geben können: »Ich bin gern bereit, ein Gehalt von 70.000 DM zu akzeptieren, wenn Sie mir statt vier Wochen Urlaub fünf geben.«

Einige Bewerber würden in einer ähnlichen Situation vielleicht lieber die Finger von weiteren Verhandlungen lassen, weil sie ja schon einen besseren Vertrag ausgehandelt haben. Doch hier gilt es, genau abzuwägen. Karolin hatte 75.000 DM gefordert. Sie hätte ein Zugeständnis machen und sich mit 70.000 DM einverstanden erklären können. Aber der *Arbeitgeber* hatte kein Zugeständnis gemacht. Sie sollten Ihren Erfolg nicht am unteren Limit Ihrer Gehaltsvorstellungen messen, sondern an dem Vergütungsniveau, das sie gerne akzeptieren würden. *Machen Sie nie ein Zugeständnis, ohne etwas dafür zu bekommen.*

8. Verhandlungen eines Mitarbeiters

Immer schön sachte

Es ist fast immer leichter, vor Antritt eines Arbeitsverhältnisses die Gesamtvergütung auszuhandeln, als danach eine Erhöhung des vereinbarten Betrags durchzusetzen. Der Bewerber sollte also vor dem Vertragsabschluß versuchen, die bestmöglichen Konditionen für sich zu erzielen. Wir werden die Unterschiede zwischen den beiden Situationen im Verlauf dieses Kapitels Punkt für Punkt beleuchten.

Selbstverständlich setzt der anfangs ausgehandelte Vertrag den Maßstab für alle folgenden Vereinbarungen. Als Mitarbeiter können Sie aus Ihrem derzeitigen Gehalt kein Geheimnis machen. Man weiß ganz genau über Ihren Verdienst Bescheid. Wie in Teil 1 gesehen ist die Überwindung eigener Hemmungen schon die halbe Miete. Von solchen Hemmungen werden Sie als Mitarbeiter kaum weniger geplagt. Auch hier sollte man sich einfach nach den Gründen fragen. Und diese heißen nach wie vor: *Angst, Unsicherheit* und *Unwissenheit*, auch wenn sie in dieser Situation auf etwas andere Ursachen zurückzuführen sind. Als Mitarbeiter brauchen Sie keine Angst zu haben, daß man Ihnen den Job nicht anbietet, denn Sie haben ihn ja bereits. Und Ihre Unsicherheit kann auch nicht durch eine unangemessene Bittstellerattitüde bedingt sein, weil Sie sich nicht mehr auf Arbeitssuche befinden.

Ein Großteil Ihrer Hemmungen wird wahrscheinlich durch Ihre Unentschlossenheit über die Vorgehensweise verursacht. Und das ist ja auch ganz verständlich, handelt es sich doch um eine Fähigkeit, die man naturgemäß nicht regelmäßig braucht. Sollte Ihre Angst vielleicht auf der Vorstellung basieren, daß man womöglich ganz auf Ihre Dienste verzichten oder Sie zumindest zur »persona non grata« erklären und in eine Statistenrolle abschieben könnte? Die Gefahr einer solchen Möglichkeit ist eigentlich eher gering. Wenn Sie allerdings ohne jede Vorwarnung in das Büro Ihres Chefs stürmen und mit Ihrer Forderung herausplatzen: »Ich brauche mehr Geld – wenn Sie's mir nicht geben, dann kündige ich!«, dann läßt sich die Reaktion ziemlich leicht vorhersehen. *Niemand* ist unersetzlich.

Selbst wenn Sie sich in einer Schlüsselposition befinden, würde das Unternehmen angesichts solch einer Drohung lieber vor die Hunde gehen als Ihrer Forderung gehorchen. Die Frage, ob man Ihren Weggang verkraften kann oder nicht, steht in solch einem Fall überhaupt nicht mehr zur Diskussion. Vielleicht sind Sie der Ansicht, daß sich kein vernünftig denkender Mensch zu einem derart krassen Vorgehen hinreißen läßt. Und doch kommen solche Geschehnisse immer wieder vor, weil sich manche Mitarbeiter mit ihrem Frust nicht *rechtzeitig* an jene wenden, die etwas dagegen unternehmen können. So stauen sich ihre Ressentiments an, bis sie schließlich in Form eines Ultimatums aus ihnen hervorbrechen. Aber dann ist es meistens schon zu spät.

Auch für die Verhandlungen eines Mitarbeiters um eine Gehaltserhöhung kommt alles auf die richtige Einstellung an. Die falsche Haltung setzt falsche Zeichen. Und die Furcht vor falschen Signalen kann Sie von neuen Verhandlungen abhalten. Setzen Sie keine Zeichen, mit denen Sie unabsichtlich sagen: »*Ich bin unzufrieden.*« Ein unzufriedener Mitarbeiter fühlt sich wahrscheinlich schlecht und leistet wenig in seiner Arbeit. Wenn Sie über einen längeren Zeitraum vor einer anstehenden Neuverhandlung eine negative Haltung an den Tag legen, dann steigen Ihre Chancen bestimmt nicht. Sie sinken. Wenn Sie keinen falschen Eindruck erwecken wollen, dann seien Sie nicht:

- mürrisch/launisch;
- destruktiv;
- verschlossen;
- unkooperativ;
- unprofessionell;
- aggressiv.

Eine ausschlaggebende Rolle spielt das Verhalten in den drei bis sechs Monaten vor der Verhandlung. Eine spontane Forderung nach einer Gehaltserhöhung ist von vornherein zum Scheitern verurteilt. Erst muß über einen längeren Zeitraum hinweg ein solides Fundament gelegt werden. In dieser Zeit müssen Ihre Einstellung und Leistung mustergültig sein. Alles andere liefert dem Verantwortlichen einen Vorwand für die Ablehnung Ihrer Forderung. Wenn Sie aus Unzufriedenheit mit Ihrem Gehalt die eben genannten negativen Merkmale zeigen, dann werden Ihnen womöglich nach und nach bestimmte Aufgaben entzogen und an andere Mitarbeiter abgegeben. Denen ist damit freilich geholfen: sie haben gute Karten für die Forderung nach einer Gehaltserhöhung

»Ich will die Karten neu mischen«

Vor Antritt Ihres Arbeitsverhältnisses sollten Sie einen für beide Seiten vorteilhaften Vertrag ausgehandelt haben. Wir unterstellen also, daß Sie damals mit der für Ihre Fähigkeiten und Erfahrungen gebotenen Vergütung zufrieden waren. Wenn sich in der Zwischenzeit *nichts Neues* ergeben hat, dann stehen Ihre Chancen auf eine Erhöhung, die über die Inflationsrate oder vielleicht eine vertraglich vereinbarte Gehaltssteigerung hinausgeht, denkbar schlecht. Und mit dem Versuch, die Karten nach Spielbeginn neu zu mischen, machen Sie sich bestimmt keine Freunde.

Unter diesen Umständen könnten Sie den Wunsch nach Neuverhandlungen allenfalls dann begründen, wenn Sie mittlerweile herausgefunden haben, daß andere für die gleiche Arbeit erheblich besser bezahlt werden. Aber selbst in diesem Fall muß Ihr Recht auf eine solche Forderung zweifelhaft erscheinen. Ebensowenig wie sich der Arbeitgeber gegenüber einem Bewerber auf das Gehalt von Mitarbeitern berufen sollte, die nicht verhandelt haben, können Sie im Windschatten jener mitfahren, die sich besser verkauft haben. Natürlich können Sie trotzdem einen Versuch wagen, aber Sie stützen sich damit auf ein ziemlich fadenscheiniges Argument.

»Ich bin ein Unruhestifter«

Die Anwerbung von Personal ist keine exakte Wissenschaft, und so wird mitunter eine Stelle an den Falschen vergeben. Solch ein »trojanisches Pferd« ist der Alptraum jedes Personalleiters. Darunter versteht man einen Bewerber, der im Verlauf des Einstellungsverfahrens genau die richtigen Qualitäten zeigt, sich jedoch schon beim Antritt seiner Stelle als Fehlbesetzung entpuppt. Ein Unruhestifter im Unternehmen kann genauso großen Schaden anrichten wie ein Virus im Computersystem. Als neuer Mitarbeiter bedeutet das für Sie, daß Sie auch den Zeitfaktor berücksichtigen müssen. Der Gedanke an Neuverhandlungen ist pure Energieverschwendung, ehe sich Ihre Kollegen und Vorgesetzten nicht an den Gedanken gewöhnt haben, daß Sie jetzt dazugehören.

Vorwegnahme möglicher Einwände

Ihre Taktik sollte auf der Annahme aufbauen, daß der Arbeitgeber jede Bitte um Gehaltserhöhung zunächst ablehnt. Sie müssen sich also alle denkbaren Gründe für eine abschlägige Antwort vor Augen führen und sich Gegenargumente dazu ausdenken. Wenn Ihnen nichts einfällt, dann haben Sie wahrscheinlich auch kein Erhöhung verdient. Es liegen Welten zwischen jemandem der mehr Geld *will* oder *braucht* und jemandem, der es auch *verdient*.

Wenn Sie einfach nur mehr wollen, dann bringt Sie das kaum weiter. Schließlich unterscheiden Sie sich darin nicht im geringsten von den meisten anderen Leuten. Wenn Ihre Forderungen lediglich auf Ihrem Bedarf beruhen, dann ist das zwar bedauerlich, aber durch mitleiderregende Geschichten kommen Sie auf keinen grünen Zweig. Und auch in diesem Fall stehen Sie mit Ihrem Problem keineswegs allein da. *Verdienst* heißt die Grundlage, auf der Ihre Verhandlungen beruhen müssen. Nur durch eine überzeugende Darlegung Ihrer Gründe können Sie Ihre Forderung nach einer Gehaltserhöhung rechtfertigen und ihr Nachdruck verleihen. Auf mögliche Argumente in diesem Zusammenhang werden wir später noch eingehen, doch zunächst wollen wir kurz einige der typischen Einwände der Arbeitgeberseite skizzieren.

»Das können wir uns nicht leisten«

Erkundigen Sie sich über die finanzielle Gesundheit des Unternehmens, bevor Sie in Verhandlungen treten. Wenn Sie Ihre Hausaufgaben nicht gemacht haben, dann können Sie diesen Einwand nicht mit stichhaltigen Bemerkungen zum Gewinn nach Steuern, zur Dividendenausschüttung und zu den Gehaltserhöhungen der Geschäftsführung entkräften. Wenn Sie allerdings direkt mit einem der Geschäftsführer sprechen, dann sollten Sie den letzten Punkt vielleicht lieber taktvoll übergehen.

Einen Großteil der für Sie notwendigen Informationen finden Sie ohne weiteres im Jahresbericht und -abschluß des Unternehmens. Obwohl man die Aussagen von Vorsitzenden nie ganz wörtlich nehmen darf, erfahren Sie vielleicht doch das eine oder andere Wissenswerte. Vergewissern Sie sich der Aktualität und der Genauigkeit Ihrer Informationen, und stützen Sie Ihre Verhandlungen nicht auf Gerüchte. Wie sehen die Zukunftspläne des Unternehmens aus? Wenn es expandieren will und große Summen für Anlagegüter ausgeben muß, dann bleibt vielleicht in der Tat wenig für Gehaltserhöhungen des Personals übrig. Gibt es eine lange Liste von Gläubigern? Länger als im zurückliegenden Jahr? Vielleicht am günstigsten für Verhandlungen sind eine Konsolidierungsphase nach einer Betriebserweiterung und der Zeitpunkt kurz nach der Veröffentlichung des Jahresabschlusses.

Es ist natürlich gut denkbar, daß eine Gehaltserhöhung wirklich nicht möglich ist. Wenn Ihr Unternehmen gerade eine Einsparungsphase durchmacht, dann müssen Sie Ihre Gehaltserhöhung wahrscheinlich fürs erste zurückstellen. Als nächstliegende Maßnahme der Kostendämpfung bietet sich der Abbau von Personal an oder, wenn man damit zuviel Staub aufwirbeln würde, eine Gehaltssenkung. Und sollte man Sie für das trojanische Pferd im Unternehmen halten, dann könnte Ihre Stelle als eine der ersten davon betroffen sein. Achten Sie besonders auf die üblichen Zeichen drohenden Personalabbaus: Die Manager geben sich ausgesprochen freundlich, die leitenden Angestellten halten nach Dienstschluß Konferenzen ab, und man greift zu Verzweiflungsmaßnahmen wie der Reglementierung des Gebrauchs von Büromaterial.

»Das Beispiel könnte Schule machen«

Die Bedenken des Arbeitgebers müssen sich nicht unbedingt in erster Linie gegen die Gehaltserhöhung selbst richten. Vielleicht fürchtet man nur, damit eine Lawine vergleichbarer Fälle loszutreten. Tatsächlich herrscht in manchen Unternehmen solch eine panische Angst vor Präzedenzfällen, daß man sich wundern muß, wenn überhaupt noch etwas geschieht. Wie dem auch sei, diesen Einwand können Sie durchaus entkräften, wenn sie dem Unternehmen die Gelegenheit geben, Sie als Sonderfall zu behandeln. Sie müssen Ihrem Vorgesetzten also solche Argumente an die Hand geben, die sich auf andere Mitarbeiter nicht anwenden lassen.

»Wer sind Sie?«

Oft läßt sich über eine Gehaltserhöhung nur im Zusammenhang mit einer Beförderung oder der Übernahme von zusätzlichen Aufgaben sprechen. Der Erfolg hängt in diesem

Fall von Ihrer Überzeugungskraft ab, daß Sie über die notwendigen Qualitäten verfügen. Natürlich kommt vieles dabei auch auf den Typ und die Größe Ihres Unternehmens an, aber es scheint ohne weiteres möglich, daß die für Ihre Beförderung zuständige Person nur eine recht vage Vorstellung von Ihnen hat.

Möglicherweise sprechen Sie bei der jährlichen Leistungsbeurteilung mit einem Personalfachmann, der vollkommen auf Informationen eines Dritten, also zum Beispiel Ihres Linienmanagers angewiesen ist. Der Ausgang Ihrer Neuverhandlungen hängt somit von der Qualität dieser Informationen ab. Unter Umständen ist es ein großer Fehler, sich allein darauf zu verlassen. Das Risiko erhöht sich noch, wenn man mit diesem Dritten schlecht auskommt. Außerdem sollte man nicht übersehen, daß die Leute kommen und gehen. Das Erscheinen eines neuen Chefs kann Sie und Ihre Pläne um ein ganzes Jahr zurückwerfen. Aus diesen Gründen sollte man sich auf keinen Fall ausschließlich auf die Fürsprache eines Dritten verlassen.

Wie stark unterstreichen Sie Ihren Anspruch auf Beförderung oder auf die Ausweitung Ihres Verantwortungsbereichs? Es reicht nicht, wenn Sie Ihrer Umgebung zu verstehen geben, daß Sie aufsteigen wollen. *Zeigen* Sie auch Ihre entsprechenden Fähigkeiten? Die Qualitäten für einen Aufstieg innerhalb des Unternehmens unterscheiden sich nicht im geringsten von denen, die man auf dem Arbeitsmarkt braucht, um eine bessere Position zu erreichen. Sie müssen sich und Ihre Talente *an den Mann bringen,* und zwar an den, der Ihre Zukunft positiv beeinflussen kann.

Wenn Sie sich in der Rolle des verkannten Genies gefallen, dann können Sie auch mit hervorragenden Leistungen keinen Eindruck machen. Vielleicht ermuntern Sie Ihren Vorgesetzten damit nur, Sie möglichst lange in Ihrer jetzigen Position zu halten. Manche Arbeitgeber sind verständlicherweise nur ungern bereit, ein erfolgreiches Rezept aufzugeben. Wenn Ihre unmittelbaren Vorgesetzten mit Ihrer Arbeit zufrieden sind, dann liegt es in ihrem persönlichen Interesse, möglichst wenig an diesem Zustand zu ändern.

Die Welt der Arbeit steckt voller verkannter Genies, die Selbstbeweihräucherung für entwürdigend halten. Aber wenn Sie vorwärtskommen wollen, müssen Sie auch mal kräftig auf den Putz hauen. Sie müssen die für den Job nötigen Fähigkeiten besitzen, und zwar nicht nur insgeheim, sondern *offensichtlich*. Übertriebene Bescheidenheit ist der Fluch der Arbeitssuchenden und kann auch den Erfolg von Neuverhandlungen gefährden. Suchen Sie Anerkennung für Ihre Leistungen und lassen Sie sich nicht von anderen die Schau stehlen. Knüpfen Sie Kontakte mit Leuten im Unternehmen, die Ihrer Sache förderlich sein können. Solche Leute müssen nicht unbedingt dienstältere Kollegen in der eigenen Abteilung sein. Eher schon handelt es sich um Personen, die eine einflußreiche Stellung in einem Teil des Unternehmens innehaben, zu dem Sie gerne stoßen würden.

»Diesmal nicht«

Man wird die Ablehnung Ihrer Forderung vielleicht etwas dämpfen wollen und Sie darum bitten, es zu einem späteren Zeitpunkt (etwa im nächsten Jahr) noch einmal zu versuchen. Oft stellt das die erste Verteidigungslinie dar. Vielleicht können Sie diese Taktik vorhersehen, wenn Sie zum Beispiel von anderen darüber informiert werden, die schon einen Vorstoß gewagt haben. In diesem Fall sollten Sie sich überlegen, ob Sie Ihre erste Anfrage nicht schon ein Jahr eher vorbringen als ursprünglich geplant.

Viel hängt auch davon ab, wie ernst der Arbeitgeber die Leistungsbeurteilung nimmt. Handelt es sich um ein wohldurchdachtes und planvolles Gespräch, das beiden Parteien Gelegenheit bietet, ihre Ansichten zu äußern und gemeinsame Ziel festzusetzen? Oder ist es nur ein einminütiges Geplauder zwischen Tür und Angel, das nur alle zwei Jahre stattfindet? Im ersten Fall können Sie auf das letzte Gespräch Bezug nehmen. Gehen Sie vor allem noch einmal die Ihnen gesetzten Leistungs- und Entwicklungsziele durch. Haben Sie sie erreicht oder sogar übertroffen? Wenn nicht, dann kann man Ihrem Wunsch nach einer Gehaltserhöhung keine günstige Prognose stellen, es sei denn, daß Sie die Gründe für die Nichteinhaltung der Vorgaben nicht zu verantworten haben.

Vorbereitung auf die Leistungsbeurteilung

Die jährliche oder manchmal auch halbjährliche Leistungsbeurteilung bietet einen günstigen Anlaß für eine Neuverhandlung des Gehalts. Wenn Ihr Gesprächspartner zu Verhandlungen nicht befugt ist, können Sie zumindest den Grundstein für ein Treffen mit der dafür zuständigen Instanz legen.

Ihr Erfolg hängt weitgehend von dem Interesse Ihres Gegenübers an dem Beurteilungsgespräch und demzufolge auch von seinem Geschick in der Gesprächsführung ab. Er kann die Unterredung als ziemlich einseitige Angelegenheit auffassung, bei der Sie sich kaum zu Ihren Vorstellungen äußern können und statt dessen Fragen nach negativen Aspekten Ihrer Leistung beantworten müssen. Das Entscheidende ist in jedem Fall, daß Sie nicht völlig ahnungslos in ein solches Gespräch gehen. Es hat durchaus Hand und Fuß, sich im voraus *selbst zu beurteilen* und auf das Gespräch so vorzubereiten wie für ein Vorstellungsgespräch.

Sie müssen eine stichhaltige Argumentation vorbringen, mit der Sie Ihren Gesprächspartner von der Angemessenheit einer Anhebung Ihrer aktuellen Bezüge überzeugen können. Wie bereits erwähnt, schwindet Ihre Verhandlungsstärke, wenn sich seit Ihrem Arbeitsantritt nichts verändert hat. Auch bei einem Hinweis auf Ihre guten Leistungen können Sie dem Arbeitgeber keinen Strick daraus drehen, falls er diese als Selbstverständlichkeit auffassen sollte. Schließlich bezahlt er Sie ja dafür. Sie müssen Dinge benennen können, die sich wirklich verändert haben. Wenn Sie dem Arbeitgeber demonstrieren können, daß er für seine Bezahlung inzwischen einen höheren Gegenwert erhält, dann halten Sie einen Trumpf in Händen. Jetzt müssen Sie ihm zeigen, daß der ursprünglich für beide Seiten gleichermaßen vorteilhafte Vertrag mittlerweile für ihn einen größeren Vorteil beinhaltet als für Sie.

Welche Faktoren könnten sich verändert haben? Der Gesprächsführer wird sich sehr wahrscheinlich an die Arbeitsplatzbeschreibung halten. Er verwendet sie als Checkliste, um alle Aspekte Ihrer Arbeit zu berücksichtigen, und auch als Gelegenheit, um fällige Revisionen vorzunehmen. Die große Frage lautet für Sie hier: »Habe ich andere Aufgaben übernommen, die in der ursprünglichen Vereinbarung nicht vorgesehen waren?« Wenn dies zutrifft, erstellen Sie eine maschinengeschriebene Liste und machen Sie zwei Kopien davon. Diese Liste können Sie als Ihren Beitrag zur Tagesordnung des Gesprächs verwenden. Geben Sie Ihrem Gesprächspartner eine Kopie; damit helfen Sie nicht nur ihm, sondern auch sich selbst, wenn Ihr Fall der nächsthöheren Instanz vorgelegt wird.

Die erneute Durchsicht Ihrer Arbeitsplatzbeschreibung kann eine heilsame Erfahrung sein. Normalerweise stellen Sie fest, daß viele der ursprünglichen Aufgaben schon längst überholt und von anderen abgelöst worden sind, die eine viel größere Verantwortung mit sich bringen. Und doch stützt sich Ihr Gehalt immer noch auf diese Beschreibung. Wenn sich die Arbeitsplatzbeschreibung als hoffnungslos veraltet erweist und kaum noch einen Bezug zu Ihrer aktuellen Tätigkeit besitzt, schreiben Sie eine neue und legen dem Gesprächsführer eine maschinengeschriebene Kopie vor.

Müssen Sie jetzt eine Fähigkeit oder Fähigkeiten einsetzen, die bei Antritt der Stelle nicht erforderlich waren und daher auch in der Bezahlung unberücksichtigt blieben? Allerdings müssen Sie genau unterscheiden zwischen Fähigkeiten, die Sie bereits besaßen und anderen, die Sie sich im Zuge Ihrer Arbeit angeeignet haben. Sie können kaum erwarten, daß man Sie für eine Fähigkeit bezahlt, in der man sie geschult hat. Die mit der Ausübung dieser Fähigkeiten verbundene Verantwortung ist jedoch wieder eine ganz andere Frage. Aber vielleicht verfügen Sie zum Beispiel über Sprachkenntnisse, derer man sich jetzt bedient. Dann sollten Sie beim Beurteilungsgespräch Ihren Preis dafür nennen.

Sind bei Ihrer Arbeit Ihre Leistungen von denen anderer Mitglieder Ihres Teams zu unterscheiden, und können diese somit auf die Bezahlung bezogen werden? Wenn Sie in solch einem Fall bislang noch kein leistungsbezogenes Gehalt erhalten haben, dann sollten Sie vielleicht jetzt auf die Einführung einer solchen Regelung dringen. Es liegt an Ihnen, in solchen Fragen die Initiative zu ergreifen – vorausgesetzt, daß Sie gute Ideen haben und sie auch klar und überzeugend darstellen können. Denken Sie an die Fallstudien 5 und 13. Sowohl Martin als auch Georg standen vor einer Entscheidung. Sie konnten das Angebot einfach akzeptieren oder sich ein wenig anstrengen, um einen besseren Vertrag zu erreichen.

Vielleicht müssen Sie aber auch feststellen, daß sich tatsächlich nichts geändert hat und Sie keine guten Karten für Neuverhandlungen haben. Mag sein, aber deswegen müssen Sie noch lange nicht die Flinte ins Korn werfen. Können Sie *selbst* etwas verändern, das heißt, können Sie dem Arbeitgeber die Übernahme zusätzlicher Aufgaben anbieten und dadurch Ihre Arbeit aufwerten, um ihn so zu einer Gehaltserhöhung zu bewegen? Besonders offene Ohren würde ein Vorschlag finden; der den ganzen Betriebsablauf effizienter, kostengünstiger oder gewinnträchtiger gestalten könnte. Wenn Sie für Ihren Arbeitgeber Geld sparen oder verdienen, dann sollte er Sie am Ertrag auch teilhaben lassen. Voraussetzung dafür ist jedoch eine überzeugende Darlegung, wie Sie die zusätzlichen Pflichten mit Ihren bestehenden Aufgaben vereinbaren wollen.

Das Ultimatum

Wenn der Arbeitgeber über Ihre Forderung nach einer Gehaltserhöhung nachdenkt, dann muß er auch die Risiken einer Ablehnung ins Kalkül ziehen. Wenn Sie Ihren Fall klar und überzeugend dargelegt haben und das Geld für eine höhere Vergütung vorhanden ist, dann wird er sich wahrscheinlich folgende Fragen stellen:

- Wie wichtig sind Sie für das Unternehmen?
- Leisten Sie einen direkten Beitrag zu den Zielen des Unternehmens, oder spielen Sie eher eine Nebenrolle?
- Wenn Sie sofort kündigen, kann das Unternehmen die-

sen Verlust mit dem vorhandenen Personalstand ausgleichen?

- Wenn Sie kündigen, wie lange wird die Einstellung eines gleichwertigen Mitarbeiters dauern, und wieviel wird sie kosten?
- Würde sich Ihre Kündigung negativ auf die Arbeitsmoral auswirken, und würden andere Ihrem Beispiel folgen?
- Stehen Sie in direktem Kontakt zu Kunden/Klienten?

Diese Fragen sollten auch Sie sich vor Eröffnung der Verhandlungen stellen, da Ihnen die Antworten einen deutlichen Hinweis auf die wahre Stärke Ihrer Position geben. Bei der Bewerbung um die Stelle mußten Sie Ihre besonderen Qualitäten präsentieren, und genau das müssen Sie auch jetzt wieder tun, wenn Sie eine Gehaltserhöhung erreichen wollen.

Versuchen Sie eine Bewertung Ihres Gesamtbeitrags seit Antritt der Arbeitsstelle. Wenn Sie diesen Beitrag im Hinblick auf Kostenersparnisse oder Gewinne *quantifizieren* können, um so besser. Vielleicht sehen Sie Möglichkeiten, Ihren Beitrag noch zu erhöhen. Wenn ja, bringen Sie sie zur Sprache.

Wie besetzt das Unternehmen im Normalfall frei werdende Stellen auf Ihrer Ebene? Wenn man eine Personalvermittlung einschaltet, um Ersatz für Sie zu finden, dann bezahlt man dafür mindestens 25 Prozent des ersten Jahresgehalts. Und dabei ist nicht garantiert, daß Ihr Nachfolger die Arbeit ebensogut macht wie Sie. Prüfen Sie die für die Stelle nötige Kombination von Fähigkeiten. Wie selten ist diese Mischung auf dem Markt? Denken Sie daran, daß Ihr Verhandlungspartner vielleicht keinen völligen Überblick über Ihre Fähigkeiten besitzt. Wenn er eine viel zu einfache Vorstellung von Ihrer Tätigkeit hat, dann müssen Sie ihn eines Besseren belehren. Besonderes Kopfzerbrechen dürfte es Ihrem Arbeitgeber bereiten, wenn Sie im Rahmen Ihrer Arbeit direkten Kontakt zu Kunden oder Klienten halten. In diesem Fall muß er nämlich damit rechnen, daß nicht nur Sie, sondern auch die Kunden dem Unternehmen den Rücken kehren.

Auf all diese Fragen müssen Sie eine Antwort finden. Es wäre jedoch unklug, sie beim Gespräch in Form eines Ultimatums zu äußern. Unterschwellige Drohungen führen nämlich oft zum Gegenteil der erwünschten Reaktion. Das Ultimatum sollte wirklich nur ein letzter Ausweg sein, wenn alle Stricke reißen und man Ihren Vorstellungen zu Unrecht nicht entgegenkommen will. Allerdings sollten Sie *nie ein Ultimatum aussprechen, wenn Sie die darin enthaltene Drohung nicht wahrmachen können oder wollen.* Wenn Sie dem Arbeitgeber die Pistole auf die Brust setzen, ohne auf eine Trennung wirklich eingestellt zu sein, dann dürfen Sie sich nicht wundern, wenn man Sie trotzdem beim Wort nimmt.

Wenn Sie auf die Trennung vorbereitet sind, dann sollten Sie sich am besten zwei oder drei Monate vor dem Verhandlungsversuch um eine Alternative kümmern. Sie wollen die Arbeitssuche ja sicherlich nicht erst in einer völlig unhaltbaren Lage beginnen, wenn man Ihre Forderung abgelehnt hat. Oft reicht ja schon die Tatsache, daß Sie nach einer anderen Arbeit suchen, um Ihren Arbeitgeber von der Ernsthaftigkeit Ihres Anliegens zu überzeugen. Deshalb sollten Sie aus Ihrer Arbeitssuche auch kein großes Geheimnis machen. Die Erkenntnis, daß Sie drauf und dran sind, Ihre Zelte abzubrechen, wird den Arbeitgeber vielleicht aus seiner Selbstzufriedenheit reißen und ihn zum Handeln bewegen.

Sie können mit viel größerem Selbstvertrauen in die Neuverhandlungen gehen, wenn Sie bereits ein schriftliches Angebot einer anderen Firma in der Tasche haben. Solch eine Offerte können Sie auch als letztes Verhandlungsmittel in die Diskussion werfen, wenn alle anderen Überredungskünste keine Wirkung zeigen. Einige Mitarbeiter benutzen diese Methode einfach als eine Form der Erpressung: »Ich habe ein besseres Angebot; wenn Sie nicht mitziehen können, dann kündige ich.« So etwas kann zwar funktionieren, hat aber nichts mit vernünftiger Verhandlungsführung zu tun. Wenn Sie außer diesem besseren Angebot keine triftigen Gründe für eine Gehaltserhöhung ins Feld führen können, dann steht Ihre Argumentation auf tönernen Füßen.

Bargeld oder andere Leistungen?

Ihre Verhandlung wird sich wahrscheinlich in erster Linie auf das Gehaltsniveau konzentrieren. Wenn sich der Arbeitgeber gegen eine Erhöhung um den von Ihnen gewünschten Betrag sträubt, dann zeigt er sich vielleicht bei den bereits angesprochenen Belegschaftsaktien entgegenkommender. Dadurch kommen Sie unter Umständen in den Genuß der in Kapitel 2 beschriebenen staatlichen Förderungsmaßnahmen. Und vergessen Sie nicht, daß der Arbeitgeber eine Menge spart, wenn er Sie nicht mit Bargeld, sondern mit einer Gewinnbeteiligung bezahlt. Für Unternehmen ist die gewährte Verbilligung auf Aktien nämlich uneingeschränkt als Betriebsausgabe abzugsfähig und mindert also entsprechend den zu versteuernden Gewinn.

Lassen Sie sich nicht mit einem phantasievollen neuen Titel als Alternative oder Teilalternative zu einer Erhöhung der Bezahlung oder der Leistungen abspeisen. Unter Umständen schlägt man Ihnen statt der von Ihnen geforderten Summe nur eine geringere Erhöhung *sowie* eine eindrucksvoll klingende Berufsbezeichnung vor, die darüber hinaus noch eine Erweiterung Ihres Aufgabenbereichs mit sich bringt. Solche

Titel geben den Leuten ein gutes Gefühl. Und dagegen ist ja auch nichts einzuwenden. Aber viele dieser hochtrabenden Titel sind einfach nichtssagend, was zum Beispiel die im Laufe der Jahre immer deutlichere Entwertung von Bezeichnungen wie »Direktor«, »leitender Angestellter« oder »Berater« beweist. Lassen Sie sich von Ihrem Statusbewußtsein nicht den Blick für die Realitäten verstellen. Manche Leute verzichten für den Titel eines »leitenden Verkaufsmanagers« auf 15.000 DM im Jahr. Für vernünftig denkende Menschen verbirgt sich dahinter nur ein »alter Verkäufer«.

Denk-Zettel

- Zeigen Sie in den Monaten vor der Neuverhandlung eine positive Einstellung.
- Überlegen Sie sich eventuelle Einwände gegen eine Erhöhung im voraus, und legen Sie sich eine passende Erwiderung zurecht.
- Überlegen Sie sich eine Rechtfertigung für ihre Forderung.
- Zeigen Sie Ihre Fähigkeiten vor den Leuten, auf die es ankommt.
- Halten Sie die vorgegebenen Leistungsziele ein.
- Bereiten Sie sich gründlich auf die Leistungsbeurteilung vor.
- Stellen Sie Abweichungen zwischen Ihrer Arbeitsplatzbeschreibung und Ihrem tatsächlichen Aufgabenbereich fest.
- Denken Sie an die Möglichkeit leistungsbezogener Bezahlung.
- Suchen Sie nach anderen Aufgaben, die Sie übernehmen könnten.
- Ziehen Sie eine Stellensuche zwei bis drei Monate vor der Verhandlung in Erwägung.

Schluß

In Fallstudie 2 sahen wir, daß Geld für Reiner »nicht allein ausschlaggebend« war. Natürlich hatte er damit recht, und jeder vernünftige Mensch würde wahrscheinlich ähnlich antworten. Doch wir sahen auch, daß Reiner mit seiner Äußerung beim Gesprächsführer einen *in geschäftlicher Hinsicht* denkbar ungünstigen Eindruck erweckte. Erfolg in Vorstellungsgesprächen und Gehaltsverhandlungen erfordert ziemlich oft einen Kompromiß. Nicht immer sollte man die Dinge einfach beim Namen nennen, und oft ist es schwierig, den richtigen Mittelweg zwischen Wahrheit und Klugheit zu finden. Daher wird in diesem Buch auch durchgängig betont, daß man sich bei Verhandlungen nur dann eine Chance ausrechnen darf, wenn man sie nicht auf die leichte Schulter nimmt.

Zweifelsohne kann die Suche nach einer Stelle ein einziges Auf und Ab von Gefühlslagen sein. Der Zuversicht, der Selbstachtung, der Gesundheit und nicht zuletzt dem finanziellen Wohlergehen werden übel mitgespielt. Kein Wunder, daß solche Schwächungen bei vielen Bewerbern den Willen zu Verhandlungen lähmen. Es ist traurig aber wahr, daß viele Menschen aufgrund des Gesetzes von Angebot und Nachfrage, aber leider auch wegen der Neigung mancher Arbeitgeber, möglichst wenig zu bezahlen, nicht die Mittel und auch nicht das Selbstvertrauen zum Verhandeln besitzen. Dieses Buch bietet Ihnen keinen genauen Aktionsplan; es möchte Sie zum Nachdenken einladen, Sie zur Überprüfung Ihrer Haltung in Verhandlungsfragen ermuntern und Ihr Vertrauen in die eigene Macht stärken. Sie müssen sich nicht mehr einfach aggressive Verhöre zum Thema Gehalt gefallen lassen. Verstehen Sie sich als Geschäftsmann/frau und nicht als Bittsteller. Glück und Gesundheit kann man mit Geld nicht kaufen, das bezweifelt niemand, aber man kann damit sehr wohl seine Sorgen lindern und sich das Leben angenehmer gestalten.

Aus unserem Programm

Stephen R. Covey
Die effektive Führungspersönlichkeit
Management by principles
Aus dem Englischen von Maria Beck

204 Seiten. 10 Abbildungen
ISBN 3-593-34820-9

Ineffektive Menschen versuchen, nach Vorschriften zu leben, sagt Stephen R. Covey. Effektive Menschen dagegen führen ihr Leben nach Prinzipien. Eine Führungspersönlichkeit zeichnet sich dadurch aus, daß sie in der Lage ist, diese Prinzipien in Problemsituationen anzuwenden.

»Wenn Stephen Covey spricht, hören Manager zu.« *Dun's Business Month*

Jay Conrad Levinson, Bill Gallagher, Orvel Ray Wilson
Guerilla Verkauf
Mit unkonventionellen Ideen den Kunden gewinnen
Aus dem Englischen von Barbara Steckhahn und Sonja Schuhmacher

248 Seiten
ISBN 3-593-593-34851-9

Jay Conrad Levinson bietet ein 6-Punkte-Programm, das in der Karriere eines jeden Verkäufers die Wende zum Erfolg herbei führen kann.

»Levinson überträgt das Guerilla-Prinzip praxisnah, verblüffend einleuchtend. Er wirkt wohltuend direkt und einfach dem Trend zu immer mehr Komplexität und Verwissenschaftlichung des Verkaufens entgegen. Es macht Spaß, sich von ihm zu mehr Erfolg führen zu lassen.«
Rainer Krüger, Reemtsma

Campus Verlag · Frankfurt/New York

Aus unserem Programm

Martin John Yate
Das erfolgreiche Bewerbungsgespräch
Überzeugende Antworten auf alle Fragen

177 Seiten
ISBN 3-593-34310-X

Was ist Ihre größte Schwäche? Welche Entscheidungen fallen Ihnen am schwersten? Was würden Sie in fünf Jahren gerne tun? Können Sie unter Druck arbeiten? Der Autor zeigt, was der Interviewer mit jeder Frage beabsichtigt.

»Martin John Yate bietet Anleitungen und Tips, um auch die kniffligen Phasen des Bewerbungsgesprächs zu meistern. Das Buch gibt die besten Antworten auf über 100 kritische Fragen aus der Praxis.« *Handelsblatt*

Roger Fisher, William L. Ury
Das Harvard-Konzept:
Sachgerecht verhandeln – erfolgreich verhandeln

213 Seiten
ISBN 3-593-34804-7

Ein Forscherteam der angesehenen amerikanischen Harvard Universiät hat sich in mehrjähriger Arbeit mit dem Kern allgegenwärtiger Führungsprobleme befaßt, mit Führen von Gesprächen.

»Der gedankliche Kern der vorgestellten Methode liegt darin, daß nicht um zuvor festgelegte Positionen gerangelt werden sollte, sondern daß die Parntner Interessen ausgleichen sollten: Suche nach Lösungen statt Angriff.« *Frankfurter Allgemeine Zeitung*

Campus Verlag · Frankfurt/New York